COLLECTION

DE

DOCUMENTS INÉDITS

SUR

L'HISTOIRE DE FRANCE,

PUBLIÉS

PAR LES SOINS DU MINISTRE DE L'INSTRUCTION PUBLIQUE.

PARIS, 1835-1850, 87 VOL. IN-4º.

❦

COMPTE-RENDU

PAR

M. L. POLAIN,

Archiviste de l'État, à Liége, Correspondant étranger du Ministère
de l'Instruction Publique, etc., etc.

LIÉGE

IMPRIMERIE DE J. DESOER, LIBRAIRE.

1852

SUR

L'HISTOIRE DE FRANCE,

PUBLIÉS PAR

LES SOINS DU MINISTRE DE L'INSTRUCTION PUBLIQUE.

—

Paris, 1835-1850. 87 vol. in-4°.

I.

Élémens de Paléographie, par **M. Natalis de Wailly**, membre de l'Institut (Académie des Inscriptions et Belles-Lettres). Paris, 1838. 2 vol. grand in-4°. avec planches. (1)

Ce n'est pas seulement au dix-septième et au dix-huitième siècle que la France s'est honorée par l'entreprise de grands travaux d'érudition, et la gloire du XIXe. ne consistera pas uniquement dans leur continuation et leur achèvement ; notre époque en a vu aussi commencer d'autres qui ne sont

(1) *Sources* : Collection des documens inédits sur l'histoire de France ; rapports au roi et pièces. Paris 1835. In-4°. — Circulaires originales et rapports émanés du ministère de l'instruction publique. In-4°. — Extraits des procès-verbaux des séances du Comité historique des monumens écrits depuis son origine jusqu'à la réorganisation du 5 septembre 1848. Paris, 1850. In-8°. — Élémens de Paléographie, par M. Natalis de Wailly. Paris, 1838. 2 volumes grand in-4°., avec planches ; et les autres ouvrages qui font partie de la collection des documens inédits.

ni moins utiles ni moins considérables, et qui ont également pour objet l'étude des antiquités nationales. La publication des *Documens inédits relatifs à l'Histoire de France*, exécutée aux frais de l'État et sous la direction du gouvernement, doit figurer en première ligne parmi ces importans travaux.

C'est l'illustre auteur de l'*Histoire de la civilisation*, c'est M. Guizot, qui, le 31 décembre 1833, appela le premier l'attention du roi Louis-Philippe sur l'opportunité d'une semblable publication. A la suite du rapport qu'il eut l'honneur de faire à ce sujet, un arrêté parut (18 juillet 1834), qui établit près le ministère de l'instruction publique un comité chargé de concourir, sous la présidence du ministre, à la direction et à la surveillance des recherches qui devaient avoir lieu. Les membres de ce comité furent MM. Villemain, vice-président, Daunou, Naudet, Guerard, Mignet, Champollion-Figeac, Fauriel, Vitet, Desnoyers, Granier de Cassagnac et Fallot, secrétaire.

Les chambres votèrent, dans le budget de 1835, un premier crédit de 120,000 fr. destiné à ces travaux, et l'on se mit à l'œuvre.

La multiplicité et la variété des recherches nécessitèrent bientôt la création de nouveaux comités. Le nombre en fut porté à cinq, correspondant aux cinq classes de l'Institut : le premier, de la langue et de la littérature française ; le deuxième, de l'histoire positive (chroniques, chartes et inscriptions) ; le troisième, des sciences proprement dites ; le quatrième, des sciences morales et politiques, et le cinquième, des arts et monumens. Un arrêté du 30 août 1840 réunit les quatre premiers comités en un seul, qui prit le titre de Comité pour la publication des monumens écrits sur l'histoire de France ; le comité des arts continua d'exister séparément.

A la suite de la révolution de 1848, on put craindre un instant que cette vaste entreprise, comprenant déjà, à cette époque, soixante-dix volumes in-4°. environ, ne vînt à être suspendue. Heureusement, ces prévisions ne se réalisèrent point : la France ne recule devant aucun sacrifice quand il s'agit de sa gloire. Un arrêté du 5 septembre 1848 a réorganisé les comités anciens, sans rien changer à la nature de leurs attributions, et le grand travail inauguré par M. Guizot se poursuit aujourd'hui avec activité en France, et même dans l'Europe entière, à l'aide des correspondans étrangers que le ministre de l'instruction publique a désignés pour cet objet.

Ce n'était point assez d'avoir décrété l'exécution d'une collection de documens inédits sur l'histoire de France, il fallait rassembler les élémens qui doivent aider à leur intelligence, et familiariser avant tout les travailleurs avec les études paléographiques, fort négligées alors, mais que l'École des chartes, fondée peu d'années auparavant, commençait néanmoins à populariser chez nos voisins. M. Guizot, excellent juge en ces sortes de matières, chargea donc M. Natalis de Wailly, attaché aux archives du royaume, de la rédaction d'un ouvrage qui atteignît le but qu'on se proposait, et le jeune savant qu'un tel choix honorait, se vouant avec une ardeur sans égale à l'accomplissement d'une tâche si laborieuse et si difficile, se trouva en mesure de publier son travail dans le courant de l'année 1838, sous ce titre modeste : *Élémens de Paléographie.*

La France possédait déjà plusieurs publications remarquables sur l'étude de cette science. Qui ne connaît en ce genre les immortels travaux des Mabillon, des Montfaucon, des Tassin et des Toussain ? Mais ces traités sont d'une étendue considérable; on ne se les procure plus que difficilement, et le prix en est très-élevé ; de sorte que c'était rendre un service signalé aux études historiques, que de doter le monde savant d'un nouvel ouvrage sur le même objet, d'un livre en quelque sorte élémentaire, mais où rien d'important et de vraiment utile ne serait omis ; qui fût écrit avec clarté et distribué avec méthode; où les recherches seraient promptes et faciles; enfin d'un livre dont l'acquisition fût peu coûteuse, quoique renfermant un nombre considérable de planches et de fac-similes d'anciennes écritures. L'ouvrage dont nous nous occupons en ce moment offre ces qualités et réunit tous ces avantages.

Les *Élémens de Paléographie* de M. Natalis de Wailly se composent de quatre parties principales. Dans la première, consacrée à la chronologie, l'auteur ne se borne pas à indiquer la solution théorique des difficultés qui se rencontrent le plus ordinairement dans les chartes et dans les ouvrages d'histoire ; il présente la concordance des ères, celles des cycles, des fêtes religieuses, etc. Les appendices renferment, en outre, un glossaire des dates, ou liste alphabétique des noms peu connus employés dans les manuscrits et les diplômes pour désigner certaines fêtes et les jours de la semaine et du mois ; puis un catalogue alphabétique et chronologique des saints dont les fêtes remplacent, dans les anciens monumens, la date du jour et du mois. Ces traités, si utiles pour l'intelligence des documens historiques du moyen-âge, ont été empruntés par M. de Wailly à l'*Art de vérifier les dates*, mais il y a introduit de précieuses améliorations, en les comparant avec d'autres travaux de ce genre publiés postérieurement.

La deuxième partie des *Élémens de Paléographie* renferme des observations générales sur le style, la nomenclature des actes appartenant à la diplomatique, et les formules qui y sont employées le plus ordinairement. L'auteur y a inséré une liste alphabétique des rois de France et des princes dont l'histoire est intimement liée à celle de ce pays, liste au moyen de laquelle on résoudra facilement et promptement les principales difficultés qui peuvent se présenter dans l'appréciation des formules et des dates de leurs diplômes. Ce tableau, qui ne contient pas moins de cent-dix pages à deux colonnes, d'un caractère très-serré, est une œuvre laborieusement exécutée, et qui a dû coûter bien des recherches à son auteur. Il faut avoir été parfois arrêté soi-même par de semblables difficultés pour apprécier la haute utilité de ce travail, et les savans sauront un gré infini à M. de Wailly de n'avoir pas reculé devant son exécution.

La troisième partie, l'une des plus importantes de l'ouvrage, a pour objet la paléographie proprement dite. L'auteur y est entré dans une foule de détails curieux sur les diverses substances destinées à recevoir l'écriture, et particulièrement le papyrus, le parchemin et le papier ; sur les encres, les couleurs, les lettres ornées et les peintures des manuscrits ; il fait connaître les principaux instrumens qui servaient à l'écrivain dans l'antiquité et au moyen-âge. Après quoi, il s'occupe de l'origine et de la division des écritures usitées en Europe depuis l'invasion des barbares ; il décrit les caractères distinctifs de ces écritures ; il donne les moyens de les déchiffrer et d'en fixer l'âge, et termine en fesant connaître les différens systèmes d'abréviations employés dans les manuscrits.

Les bénédictins avaient, au siècle dernier, traité le même sujet avec un rare talent ; M. de Wailly ne pouvait que suivre les traces de ces grands maîtres. C'est ce qu'il a fait, tout en ajoutant fort souvent des preuves nouvelles à celles qu'avaient rassemblées ses illustres devanciers, et en invoquant, à l'appui de ses assertions, les précieux documens que renferme le grand dépôt des chartes à Paris, et dont quelques-uns étaient restés inconnus aux célèbres auteurs du *Nouveau traité de diplomatique.*

La quatrième partie des *Élémens de Paléographie* est consacrée à l'étude des sceaux ; elle renferme des détails intéressans sur les noms et la classification des différentes espèces de sceaux et de contre-sceaux, leur forme, leur grandeur et leur matière, leurs inscriptions, leurs ornemens, leurs symboles et leurs armoiries. Après quoi, viennent des observations spéciales sur les sceaux des princes souverains, des nobles, des tribunaux, des communes, des bourgeois et du clergé. Un appendice expose les règles élémentaires du blason.

Des fac-similes, d'une exactitude remarquable, enrichissent ce bel ouvrage. En regard de chaque planche se trouve la transcription exacte du fac-simile ; des remarques de l'éditeur font connaître en même temps la date du fragment représenté, le manuscrit ou le diplôme d'où il a été tiré, le caractère spécifique de l'écriture, etc. Ces fac-similes sont suivis d'une série de notices relatives aux manuscrits et aux diplômes d'après lesquels on les a gravés.

On n'attendait de M. de Wailly qu'un simple précis du *Nouveau traité de diplomatique* ; l'auteur a élargi le cadre qui lui était tracé. Il a introduit dans son œuvre une foule de renseignemens tout-à-fait neufs , puisés dans l'étude des originaux eux-mêmes, et dans celle des nombreux traités qui ont paru depuis un siècle, en Allemagne et en Italie , sur la connaissance de la diplomatique et de la paléographie. Il a emprunté à l'*Art de vérifier les dates*, en les améliorant, de précieux tableaux relatifs à la correspondance des ères et des années ; il a dressé , d'après Du Cange et Mabillon , et en y fesant aussi de nombreuses additions , la liste des chanceliers depuis Pépin-le-Bref jusqu'à Philippe IV , et celle des grands officiers qui , à partir de la fin du règne de Henri Ier., assistaient comme témoins à la confection des diplômes les plus solennels. En un mot , c'est aujourd'hui le livre le plus clair et le plus exact que nous possédions sur une science ardue et difficile ; et la France ne pouvait désirer un plus beau portique au vaste édifice qu'elle est en train d'élever à la gloire de son passé.

II.

Recueil des Lettres Missives de Henri IV, publié par **M. Berger de Xivrey**, membre de l'Institut de France (Académie des Inscriptions et Belles-Lettres). Paris, 1843-1850. 5 vol. in-4°.

En nous occupant dans un journal quotidien de la *Collection des documens inédits relatifs à l'histoire de France*, publiée chez nos voisins, pendant les quinze dernières années, nous n'avons pas l'intention d'examiner en détail chacune des publications de cette vaste collection ; nous voulons seulement signaler à nos concitoyens celles qui nous ont paru les plus intéressantes, nous bornant à une simple mention, ou à une courte analyse pour les autres, et nous réservant d'apprécier ensuite ces travaux dans leur ensemble. Nous commencerons notre compte-rendu par l'examen du *Recueil des Lettres Missives de Henri IV*, dont M. Berger de Xivrey est l'éditeur.

Avant la publication de ce recueil, il existait déjà en France une assez grande quantité de lettres imprimées de Henri IV ; les Mémoires de Mornay, ceux de Sully, les cinq volumes d'ambassades de M. de la Boderie en renferment bon nombre ; on en trouve encore beaucoup ailleurs. Mais c'est l'abbé Brizard qui, le premier, conçut le dessein de réunir et de mettre au jour les vestiges épars de cette vaste correspondance, où la bonté, l'esprit et la valeur de Henri IV apparaissent avec tant de simplicité et de grandeur. L'abbé de l'Ecluse, à qui l'on doit une édition des Mémoires de Sully, eut la même pensée, mais ni l'un ni l'autre ne la poursuivirent jusqu'au bout (1).

(1) Tout récemment, M. de Rommel, archiviste à Cassel, a publié l'une des correspondances privées de Henri IV, celle qu'il entretint avec Maurice-le-Savant, landgrave de Hesse. Paris, Renouard, 1840, in-8°.

Il était réservé au gouvernement du roi Louis-Philippe de réaliser cette entreprise éminemment française. L'illustre écrivain qui a siégé pendant plusieurs années au département de l'instruction publique, M. Villemain, reprit alors le projet des abbés Brizard et de l'Ecluse, et en confia l'exécution à M. Berger de Xivrey, membre de l'Institut, philologue distingué, à qui l'on doit plusieurs travaux estimables sur l'antiquité, parmi lesquels nous citerons plus particulièrement ses *Recherches sur les sources antiques de la littérature française*. Disons tout d'abord que M. Berger de Xivrey a répondu dignement à la confiance de M. Villemain.

Une active correspondance fut aussitôt établie, et fit affluer des principales collections particulières, des archives de famille, des dépôts publics de la France et de l'étranger, une abondance de communications dont le nombre, en 1843, à l'époque de la publication des deux premiers volumes, s'élevait déjà à près de trois mille, et est aujourd'hui bien plus considérable encore. Tous les savans de l'Europe ont rivalisé de zèle pour restituer à la France ces précieux restes, ensevelis dans la poussière des bibliothèques ; celle de Saint-Pétersbourg a fourni seule près de quatre cents lettres. Le dépouillement des grands fonds de manuscrits de la Bibliothèque nationale, notamment de ceux de Bethune, de Dupuy, de Harlay, de Fontanieux et de Colbert, a aussi donné des résultats précieux.

M. Berger de Xivrey s'est empressé de signaler à la reconnaissance du public les hommes qui l'ont secondé dans le beau travail auquel il a, depuis dix années, consacré tous ses instans. Parmi les littérateurs dont les conseils lui ont surtout été utiles, il mentionne M. Mignet, qui lui a ouvert les importantes archives du département des affaires étrangères, et M. Monmerqué, dont les connaissances si variées lui ont été du plus utile secours. Ce sont MM. Bernhard, Abel de Chevallet et de Fréville, ce dernier pour les deux premiers volumes seulement, qui ont été chargés du déchiffrement, parfois très-difficile, des lettres originales de Henri IV. Enfin, dans les nombreuses recherches généa-

logiques auxquelles il a dû se livrer pour désigner d'une
manière certaine les personnages auxquels telle ou telle
lettre était adressée , M. Berger de Xivrey a obtenu le concours de M. Léon Lacabane , chargé du cabinet des titres
à la Bibliothèque nationale, à Paris, savant distingué , dont
nous avons pu apprécier personnellement la profonde saga-
cité et l'extrême obligeance.

Le *Recueil des Lettres Missives de Henri IV* est divisé en
deux grandes sections qu'indiquait l'histoire même de ce monarque ; la première comprend les lettres qu'il écrivit quand
il n'était encore que prince , puis roi de Navarre ; la seconde
s'étend depuis son avènement au trône de France jusqu'à l'é-
poque de sa mort. Cinq volumes ont paru jusqu'à présent, embrassant une période de quarante années, depuis 1562 jusqu'en
1602. Chaque lettre est précédée de la date précise ou ap-
proximative qui lui est assignée , après quoi vient la suscription ; entre la date et la suscription se trouve la mention de
la provenance, précédée de l'une des indications suivantes :
Original autographe , original , minute , copie ou imprimé.

L'indication de l'autographe offrait seule quelques difficultés, parce que Henri IV , de même que Louis XIV, se ser-
vait fréquemment , pour sa correspondance , d'un secrétaire
de confiance vulgairement nommé *secrétaire de la main* ,
lequel était spécialement chargé de contrefaire la signature
du roi, et même d'écrire ses lettres en entier, lorsque celui-ci
n'avait pas le loisir de se livrer à cette occupation. Jacques
l'Allier , seigneur du Pin , remplissait ces délicates fonctions
auprès de Henri IV ; tous les amateurs d'autographes savent
que le président Roze était secrétaire de la main de Louis XIV.

Le livre auquel sont consacrées ces lignes ne renferme que
des lettres missives , c'est-à-dire des lettres allant réellement
à une adresse spéciale , écrites à des individus ou à une corporation. On en a exclu tous les actes législatifs ou judiciaires,
tels que lettres royaux , lettres patentes , lettres d'abolition ,
lettres d'érection , de confirmation , etc. ; enfin tout ce qui
portait un caractère public. A dater de l'avènement de
Henri IV au trône de France, sa correspondance prend même

de tels développemens que force a été à l'éditeur d'élaguer un certain nombre de lettres peu importantes, dont il a seulement donné des analyses succinctes, mais suffisantes, à la fin des volumes.

On peut déjà apprécier dès aujourd'hui de quelle importance ce recueil sera pour l'histoire de Henri IV. Ni les récits des contemporains, ni les nombreux mémoires que l'on possède sur la seconde moitié du XVIe. siècle ne sauraient remplacer ces lettres, où se peint si admirablement le grand roi dont le souvenir est encore aujourd'hui si populaire en France. Nous avons dit que les deux premiers volumes s'étendent jusqu'à l'avènement du Béarnais au trône de France; le troisième renferme les lettres de Henri IV, roi de France et protestant, période qui comprend la bataille d'Arques et celle d'Ivry, le siége de Paris, le combat d'Aumale, les premières amours de Henri et de Gabrielle, et l'abjuration à St.-Denis. Le quatrième embrasse les lettres qui se rapportent à la capitulation de Paris, à l'édit de Nantes, à la paix de Vervins et aux événemens qui mirent fin à la guerre civile et religieuse et à la guerre étrangère. La correspondance que contient le cinquième volume commence au 1er. juillet 1598 et s'arrête au 31 décembre 1602.

Nous croyons inutile de faire ressortir ici les soins consciencieux apportés à cette publication par le savant qui en a été chargé, l'étude patiente à laquelle il a dû se livrer dans les documens imprimés et manuscrits de l'époque, l'immense variété des détails explicatifs, des faits curieux et rares qu'il a rapportés dans ses notes, la réserve si justement scrupuleuse qu'il a mise à ne rien changer à l'orthographe d'un texte parfois si bizarre mais si digne en même temps de la vénération des Français (1). Nous ne pouvons toutefois nous empêcher de signaler à l'attention du public les sommaires

---

(1) Nous regrettons que M. Berger de Xivrey ait cru devoir céder aux observations qu'il a reçues à ce sujet en France, et qu'il se soit un peu relâché de cette scrupuleuse fidélité dans le 3e. volume et les suivans.

historiques que M. Berger de Xivrey a placés en tête des volumes, et le tableau des séjours et de l'itinéraire de Henri IV, depuis le moment de sa naissance jusqu'à son avènement au trône de France, travaux précieux pour l'intelligence de la correspondance, et que le savant éditeur se propose de continuer.

Il ne nous reste plus, pour faire mieux ressortir l'importance du recueil des lettres missives de Henri IV, qu'à en donner quelques extraits. Parmi ces lettres, on pourrait en citer bon nombre qui sont des modèles de grâce et d'élégance, mais nous devons malheureusement nous restreindre et nous borner à indiquer celles où se réflète le plus noblement cette grande âme. Nous ne connaissons rien de plus beau, en ce genre, que la célèbre harangue prononcée par le roi, le 4 novembre 1596, à l'ouverture de l'assemblée des notables, tenue à Rouen. Voici cette harangue, que M. Berger de Xivrey a publiée sur l'original même, écrit en entier de la main de Henri IV :

« Si je voulois acquerir le tiltre d'orateur, j'aurois apprins quelque belle et longue harangue, et la vous prononcerois avec assés de gravité ; mais, messieurs, mon desir me poulse à deux plus glorieux tiltres, qui sont de m'appeller liberateur et restaurateur de cest État. Pour à quoy parvenir, je vous ay assemblez. Vous sçavés à vos despens, comme moy aux miens, que lorsque Dieu m'a appellé à ceste couronne, j'ay treuvé la France non-seulement quasy ruinée, mais presque toute perdue pour les François. Par la grace divine, par les prieres et bons conseils de mes serviteurs qui ne font profession des armes, par l'espée de ma brave et genereuse noblesse (de laquelle je ne distingue point les princes, pour estre nostre plus beau tiltre, foy de gentilhomme !), par mes peines et labeurs, je l'ay sauvée de la perte : sauvons-la astheure de la ruine. Participés, mes chers subjects, à cette seconde gloire avecques moy, comme vous avés faict à la première. Je ne vous ay point appellez, comme faisoient mes predecesseurs pour vous faire approuver leurs volontez ; je vous ay assemblez pour recevoir vos conseils, pour les crere, pour les suivre, bref, pour me mettre en tutelle entre vos mains : envie qui ne prend gueres aux Roys , aux barbes grises et aux victorieux. Mais la violente amour que je porte à mes subjects et l'extresme envie que j'ay d'adjouster ces deux beaux tiltres à celui de Roy me font treuver tout aysé et honorable. Mon chancelier vous fera entendre plus amplement ma volonté. »

Une telle harangue vaut, à coup sûr, tous les discours du trône dont nous avons été accablés depuis l'introduction du régime constitutionnel en Europe.

Mentionnons aussi cette belle lettre adressée de Calais à la reine Marie de Médicis, le 3 septembre 1601.

« M'amye , j'attendois d'heure à heure vostre lettre ; je l'ay baisée en la lisant. Je vous responds en mer , où j'ay voulu courre une bordée par le doux temps. Vive Dieu ! vous ne m'auriés rien sceu mander qui me fust plus agreable que la nouvelle du plaisir de lectures qui vous a prins. Plutarque me sourit tousjours d'une fresche nouveauté ; l'aimer c'est m'aimer, car il a esté l'instituteur de mon bas-aage. Ma bonne mere , a qui je doibs tout et qui avoit une affection si grande de veiller à mes bons deportemens , et ne vouloir pas, ce disoit-elle, voir en son fils un illustre ignorant, me mit ce livre entre les mains, encore que je ne feusse à peine plus un enfant de mamelle. Il m'a esté comme ma conscience, et m'a dicté à l'oreille beaucoup de bonnes honestetez , et maximes excellentes pour ma conduicte, et pour le gouvernement des affaires. A Dieu, mon cœur, je vous baise cent mille fois. Ce iiie. septembre , à Calais. »

Et ce charmant billet à Gabrielle d'Estrées :

« Je vous escris , mes chers amours, des pieds de vostre peinture, que j'adore seulement pour ce qu'elle est faicte pour vous , non qu'elle vous ressemble. J'en puis estre juge competent , vous ayant peinte en toute perfection dans mon ame , dans mon ame, dans mon cœur, dans mes yeux. »

Une citation de Voltaire a rendu célèbre cet autre billet adressé au brave Crillon, et que M. Berger de Xivrey a reproduit d'après l'original conservé dans les archives de cette illustre maison :

« Brave Crillon, pendés-vous de n'avoir esté icy près de moy lundy dernier à la plus belle occasion qui se soit jamais veue et qui peut-estre se verra jamais. Croyés que je vous y ay bien desiré. Le cardinal nous vint voir fort furieusement, mais il s'en est retourné fort honteusement. J'espere jeudy prochain estre dans Amiens, où je ne sesjourneray gueres, pour aller entreprendre quelque chose, car j'ay maintenant une des belles armées que l'on sçauroit imaginer. Il n'y manque rien que le brave Crillon, qui sera tousjours le bien venu et veu de moy. A Dieu. Ce xxe septembre, au camp devant Amiens. »

Force est de nous arrêter et de renvoyer le lecteur au recueil même de M. Berger de Xivrey, s'il veut se former une juste idée de l'un des meilleurs rois qui aient occupé le trône de France, de celui dont le grand *dénigreur*, Tallemant des Réaux, n'a pu s'empêcher de dire : *qu'on n'a jamais vu un prince si humain, ni qui aimât plus son peuple*. Malgré son étendue, le *Recueil des Lettres Missives de Henri IV* offre une lecture extrêmement intéréssante, et c'est assurément l'une des parties les plus précieuses de la grande collection historique entreprise de nos jours par le gouvernement français.

III.

Collection des Cartulaires de France, publiée par **M. Guérard**, membre de l'Institut : 1°. *Cartulaire de l'Abbaye de Saint-Père de Chartres*. Paris, 1840. 2 vol. in-4°. 2°. *Cartulaire de l'Abbaye de Saint-Bertin*. Paris, 1840. In-4°. 3°. *Cartulaire de l'Eglise de Notre-Dame de Paris*. Paris, 1850. 4 vol. in-4°.— En tout, 7 volumes.

Un journal quotidien est peut-être un lieu peu convenable pour apprécier une œuvre d'érudition comme celle dont nous venons d'inscrire le titre en tête de cet article. L'examen détaillé d'un pareil livre serait mieux à sa place dans le *Journal des Savans*, la *Bibliothèque de l'Ecole des Chartes*, ou dans quelqu'autre recueil équivalent, s'il y en a. Aussi, n'avons-nous pas l'intention de l'entreprendre ici, mais nous tenons à accomplir la tâche que nous nous sommes imposée, celle de faire connaître, à une certaine portion du public qui en entend rarement parler, des travaux qui ont droit à son estime et à sa reconnaissance, qui sont le fruit de longues et laborieuses recherches, d'études consciencieuses et sévères. Or, parmi les publications entreprises par les comités historiques de France, il en est bien peu qui offrent ce caractère à un degré plus éminent que la *Collection des Cartulaires*, dont M. Guérard est l'éditeur.

A toute autre époque que la nôtre, l'apparition d'un tel travail ne serait pas une chose ordinaire; mais, on doit l'avouer, le fait est presque merveilleux, se passant à Paris, en l'an de grâce 1850. Chasser les préoccupations qu'éveille dans tous les esprits une situation dont il est impossible de prévoir le dénoûment; fermer l'oreille aux mille bruits de la foule, à toutes les théories d'organisation politique, à tous les essais de régénération sociale que Paris voit chaque jour éclore; oublier le monde enfin, et s'enfermer dans le palais de la rue Richelieu, pour y déchiffrer les anciennes chartes des abbayes et des monastères; entreprendre et poursuivre tranquillement, au milieu des tempêtes qui éclatent, à la veille de celles qui approchent, des travaux qui rappellent ceux des bénédictins, et se dire que le livre auquel on aura consacré vingt ou trente années de veilles assidues, connu seulement d'un petit nombre de savans, est destiné, par la gravité même de son sujet, à passer presqu'inaperçu des contemporains, voilà de ces dévoûmens qui auraient lieu de nous étonner, si nous ne savions les pures jouissances que procure l'étude des belles-lettres, l'heureuse influence qu'elle exerce sur les âmes, les consolations que l'on y trouve, et le bonheur que l'on ressent dans ce doux commerce avec les choses et les hommes du passé.

M. Guérard est conservateur au département des manuscrits de la Bibliothèque nationale, professeur à l'Ecole des Chartes et membre de l'Institut. C'est avec M. Natalis de Wailly, dont nous parlions l'autre jour, l'un des plus savans paléographes de France. Il nous paraît donc inutile de faire ressortir la valeur des textes qu'il publie; s'il a entrepris de les mettre au jour, on peut être assuré qu'ils méritent bien réellement cet honneur. La parfaite correction de ces textes, collationnés sur les meilleurs manuscrits, et sur les originaux eux-mêmes, quand cela a été possible, n'a rien non plus qui doive surprendre, pas plus que l'importance des éclaircissemens dont ils sont accompagnés; l'esprit ferme et réfléchi de M. Guérard, son profond savoir, son talent de critique avaient déjà pu être appréciés dans quelques-unes de ses publications antérieures, et notamment dans la précieuse édition qu'il a donnée du *Polyptyque* de l'abbé Irminon, l'un des meilleurs ouvrages que l'érudition française ait produits dans notre siècle (1). La collection que nous annonçons

(1) Le *Polyptyque* de l'abbé Irminon fait aussi partie de la *Collection des documens inédits sur l'histoire de France.* Il a paru en 1844, en 3 vol. in-4°. C'est un document extrêmement curieux et qui donne des notions du plus haut intérêt sur la condition des terres et l'état des personnes au temps de Charlemagne.

aujourd'hui est destinée à prendre place à côté de ce beau travail.

Nous ne dirons rien des cartulaires eux-mêmes, des manuscrits dont s'est servi M. Guérard, ni des auteurs de ces manuscrits. Ces indications, fort intéressantes, sans doute, pour ceux qui se livrent aux études paléographiques, seraient peut-être un peu arides pour la plupart de nos lecteurs; mais ce que nous tenons à signaler, ce qui donne à la publication de M. Guérard une importance que n'ont pas généralement des livres de cette nature, ce sont les prolégomènes dont le savant éditeur l'a enrichie.

M. Guérard possède à un haut degré l'intelligence des premiers siècles de l'ère chrétienne; les anciennes divisions territoriales de la Gaule, depuis l'âge romain jusqu'à la fin de la dynastie Carlovingienne; la condition des personnes et des terres en France, depuis les invasions des barbares jusqu'à l'établissement des communes; le système d'impositions publiques en vigueur dans la monarchie Franke, sous les rois de la première et de la seconde race, ont tour à tour été les objets favoris de ses études; il a mis au jour sur ces matières importantes des travaux qui font autorité aux yeux des juges compétens. La publication des cartulaires lui a fourni l'occasion de les poursuivre plus avant dans le moyen-âge.

Les investigations de M. Guérard n'avaient guère porté jusqu'alors que sur la période Franke. Dans les prolégomènes du cartulaire de l'abbaye de Saint-Père de Chartres, les institutions féodales sont à leur tour appréciées par lui avec cette même fermeté de vues, cette critique éclairée dont il avait déjà donné tant de preuves : l'état de la propriété au moyen-âge, celui des personnes, l'exercice des arts et des métiers, les dignités civiles et ecclésiastiques, la valeur et le produit des terres, les redevances féodales, les monnaies, les mesures, les formes symboliques des actes y sont l'objet de considérations aussi neuves qu'importantes. Il faut lire ce beau travail pour comprendre tout le fruit qu'on doit attendre de semblables publications, lorsqu'elles sont entre les mains d'hommes aussi instruits, d'esprits aussi élevés.

Dans les prolégomènes du cartulaire de l'église de Notre-Dame, M. Guérard aborde un autre ordre d'idées, un nouveau sujet d'étude. L'Eglise au moyen-âge, tel est l'objet de cette intéressante préface, qui forme à elle seule un excellent livre. Le savant éditeur y traite, entr'autres, de l'influence et de la popularité du clergé, et des fondemens de cette popularité, de l'ordre et de la pompe des cérémonies religieuses, de l'excommunication, des asiles, des fonctions publiques, de l'enseignement des lettres entre les mains du clergé, des revenus ecclésiastiques, de la médiation de l'Eglise dans les querelles des particuliers, des institutions de l'Eglise suppléant celles de l'Etat, de la décadence de la société ecclésiastique, etc. En un mot, il expose quel a été le rôle social de l'Eglise. M. Guérard a développé ce sujet avec une grande hauteur de vues, sans préventions, sans engoûment; il blâme ou loue ce qui lui paraît répréhensible ou digne d'éloges, et il arrive à cette conclusion que les institutions de l'Eglise n'ont produit que du bien; que les passions des hommes et la barbarie des temps ont seules produit tout le mal.

Ces prolégomènes de M. Guérard seront lus avec infiniment de profit par tous ceux qui s'occupent de l'histoire du moyen-âge. Ils y trouveront des notions précieuses sur une foule de questions importantes, et qui n'avaient point encore été si bien étudiées. Le travail de l'érudit, ainsi que le proclamait naguère en si bons termes M. Louandre (1), lorsqu'il pénètre ainsi, en l'éclairant, dans le secret des institutions politiques de la vieille société, mérite la reconnaissance générale.

(1) *Revue des Deux Mondes*, article de M. Louandre, sur le *Cartulaire de Notre-Dame.*

IV

Négociations relatives à la succession d'Espagne sous Louis XIV,
ou Correspondances , Mémoires et Actes diplomatiques concer-
nant les prétentions et l'avénement de la maison de Bourbon
au trône d'Espagne , accompagnés d'un texte historique et
précédés d'une introduction , par M. **Mignet** , membre de
l'Institut , etc. Paris , Imprimerie royale, 1835-1842 , 4 vol. in-4°.
— Mémoires militaires relatifs à la succession d'Espagne sous
Louis XIV , *extraits de la correspondance de la cour et des*
généraux , par le lieutenant-général **de Vault** , directeur du
dépôt de la guerre , mort en 1790 , revus , publiés et précédés
d'une introduction , par le lieutenant-général **Pelet** , etc. Paris,
1835-1850 , 8 vol. in-4°. et plusieurs atlas.

La guerre pour la succession au trône d'Espagne n'a pas
été seulement le plus mémorable événement du règne de
Louis XIV ; elle a intéressé l'Europe entière , et le système
d'équilibre politique qui nous régit encore aujourd'hui a sa
base dans les négociations auxquelles cette guerre donna
lieu. Le tableau de ces négociations ne peut donc manquer
d'offrir un grand intérêt , présenté surtout par un écrivain
aussi éminent que M. Mignet.

Le traité des Pyrénées (1659) et le mariage de l'infante
Marie-Thérèse avec Louis XIV avaient pacifié momentanément la France et l'Espagne , en lutte depuis un siècle et
demi. Ce traité établissait la prépondérance de la première
de ces deux puissances et la décadence de la seconde : c'était
la réalisation de la politique que Richelieu avait léguée à
Mazarin.

Les mêmes conditions qui avaient été mises au mariage de
Louis XIII avec Anne d'Autriche furent néanmoins imposées

aussi à Louis XIV. L'infante Marie-Thérèse se vit obligée de renoncer formellement à la succession au trône d'Espagne , l'équilibre de l'Europe semblant exiger que les deux monarchies ne fussent point réunies sur la même tête. Mais Louis XIV, tout en souscrivant à cette renonciation , n'attendait qu'une occasion propice de la violer , et dans l'intervalle , il se prépara à cette grande entreprise en s'occupant avec activité d'améliorer l'administration militaire et financière de son royaume. C'est au milieu de ces circonstances que le roi d'Espagne , Philippe IV, mourut, laissant pour successeur un enfant maladif, Charles II , faible de corps et d'esprit, et toujours sur le point de succomber. A cette époque déjà , Louis XIV négociait secrètement pour faire révoquer l'acte de renonciation. Il saisit avec empressement le moyen indirect d'agrandissement que lui offrait la mort de Philippe IV , et réclama les Pays-Bas du chef de sa femme, prétendant que le *droit de dévolution* établi dans ces provinces , et qui assurait aux enfans d'un premier lit la propriété de tous les biens de leurs parens, à l'exclusion des enfans du second lit, lui donnait des titres fondés à cette partie de la succession du roi d'Espagne.

Le droit de dévolution , on le sait suffisamment chez nous, ne régissait que les successions privées , et jamais on n'avait songé à l'appliquer à la transmission du pouvoir souverain. Mais Louis XIV ne cherchait qu'un prétexte, et , recourant aussitôt à l'emploi de la force , il entra dans la Flandre avec trois corps d'armée , commandés par Créqui , Turenne et d'Aumont. En peu de temps les Pays-Bas furent conquis. L'année suivante , Condé s'empara à son tour de la Franche-Comté. Ces succès inquiétèrent l'Europe : la Hollande , la Suède et l'Angleterre s'unirent pour contrebalancer l'influence de la France , et le résultat de cette triple alliance fut le *Traité d'Aix-la-Chapelle* (1668), qui mit fin à la guerre.

Louis XIV ne profita de la paix que pour se préparer à une nouvelle invasion. Il avait surtout à cœur de punir la Hollande , l'âme de la coalition qui s'était faite contre lui. Etant parvenu à dissoudre la triple alliance , il fondit en 1672 sur les Provinces-Unies, où rien ne résista d'abord à sa puissance. Les Etats-Généraux, consternés, demandèrent à traiter, mais Louis XIV se montra trop exigeant, et la guerre fut reprise avec une nouvelle vigueur. Une seconde ligue, plus forte que la première, s'organisa ; enfin, après plusieurs années d'une lutte opiniâtre, la *paix de Nimègue*, conclue en 1678, mit fin momentanément à ce vaste conflit.

La guerre recommença bientôt après, pour aboutir à la *paix de Ryswick*, qui permit enfin à Louis XIV de s'occuper exclusivement de la succession d'Espagne, sur le point de devenir vacante.

On connaît les intrigues qui s'ourdirent à cette époque dans les principales cours de l'Europe, et les traités de partage qui se négocièrent sans même attendre la mort de celui dont on convoitait les dépouilles. Charles II en fut informé, et voulant avant tout conserver l'intégrité de la monarchie espagnole, il signa, le 2 octobre 1700, un testament par lequel il instituait son héritier le duc d'Anjou, deuxième fils du Dauphin. Il expira quelques jours après, et, le 9 novembre, ce testament fut remis à Louis XIV. Accepter le trône d'Espagne pour son petit-fils, c'était se préparer la guerre avec l'Europe entière, le roi ne pouvait se le dissimuler ; mais c'était en même temps réaliser un désir dont il poursuivait l'accomplissement depuis quarante années. Confiant dans sa fortune, enorgueilli peut-être à l'idée de combattre seul contre tous, il n'hésita point, et prenant le duc d'Anjou par la main, il le présenta à sa cour, en disant : « Messieurs, voilà le roi d'Espagne. »

Quelle était, dans ce moment critique, la situation de la France ? C'est ce que M. Mignet n'a pas manqué d'examiner, et il l'a fait avec cet esprit ferme et judicieux, ce bonheur d'expressions que l'on est habitué à rencontrer dans tous ses ouvrages. Nous nous en voudrions de priver nos lecteurs d'une aussi belle page. Le tableau que trace M. Mignet est d'ailleurs nécessaire à l'intelligence de notre récit.

« Le grand siècle venait de finir, dit l'illustre écrivain ; il n'était pas seulement fini dans le temps , il l'était dans son esprit , dans sa fortune , dans ses grands hommes. Ceux-ci étaient lentement passés, et avaient tour à tour disparu , emportant avec eux le génie et la force des générations remuées. Corneille , Racine , Molière , La Fontaine , Pascal , ces brillantes lumières , s'étaient successivement éteints. Bossuet, Boileau, Mallebranche, Fénélon avaient cessé leurs travaux , bien que la mort n'eût pas encore mis fin à leur existence. Un boulet perdu avait enlevé dans Turenne la plus belle intelligence qui eût paru sur les champs de bataille. Le grand Condé , infidèle à la mort qui paraissait lui être réservée dans les combats , était venu porter à Bossuet les derniers momens d'une vie commencée à Rocroy. Des deux disciples de ces fameux capitaines , le maréchal de Luxembourg avait cessé de vivre , et le sage Catinat allait cesser de plaire. Duquesne et Tourville, qui avaient balancé sur mer la puissance jusque-là sans rivale de l'Angleterre et de la Hollande, et qui avaient illustré la France par leurs victoires, n'étaient plus. Lionne , l'héritier de la pensée de Mazarin, avait enlevé de bonne heure aux conseils de Louis XIV les enseignemens de son expérience. Le restaurateur des finances, le fondateur des manufactures, le protecteur de l'esprit, Colbert , avait vu sa pacifique influence anéantie par le fougueux ascendant de Louvois, et avait expiré dans l'amertume des regrets et de la défaveur. Louvois, à son tour, avait succombé devant le patient, l'étroit et l'astucieux génie de cette conseillère désastreuse dont Louis XIV, finissant, comme il avait voulu commencer, par une mésalliance , avait fait sa femme.

» Louis XIV restait seul de son siècle. Vieillard isolé au milieu des générations nouvelles, privé de ses grands contemporains, réduit à remplacer Colbert et Louvois par Chamillart; Turenne, Condé, Luxembourg, par Marsin, Tallard et Villeroy ; croyant que son choix donnait du génie, que ses ordres forçaient la victoire , et laissant diriger ses choix et inspirer ses ordres par Mᵐᵉ. de Maintenon, il était arrivé au déclin de sa fortune et au commencement de ses revers.

Déjà , par la révocation de l'édit de Nantes , il avait détruit l'industrie naissante du pays ; par la perte de Colbert , altéré ses finances ; par celle de Louvois , affaibli l'administration de l'armée ; par ses longues guerres , enlevé à l'agriculture ses bras et ses ressources. L'action mécanique des armées qui durait encore allait finir ; car les soldats cessent avec l'ardeur, les généraux avec l'esprit, et les victoires avec les soldats, les généraux et l'argent. Les sources nourricières de la puissance de l'Etat étaient taries. La terre de France ne produisait plus. Louis XIV pesait sur elle ; il étouffait ses germes, qui n'ont jamais besoin que d'un peu de mouvement pour lever et de l'air de la liberté pour grandir. C'est dans ces circonstances que la guerre de la Succession s'ouvrit. »

On connaît les phases diverses de cette guerre longue et acharnée où faillit périr la France. Le vieux roi , que tant de revers finirent par humilier sans l'abattre, se résolut enfin à demander la paix et ne put l'obtenir. La dureté de ses ennemis le releva ; la France s'imposa de nouveaux sacrifices , et la coalition européenne finit elle-même par se dissoudre. Des conférences s'ouvrirent, et aboutirent à la conclusion de la fameuse *paix d'Utrecht* (11 avril 1713), qui établit comme l'une des règles fondamentales du droit européen la séparation perpétuelle des deux monarchies de France et d'Espagne.

« Ainsi se termina cette longue contestation, dit M. Mignet, qui occupa la fin d'un siècle et troubla le commencement d'un autre ; qui donna à l'Espagne une dynastie continentale, et acheva de lui enlever ses dernières possessions d'Europe ; qui devint pour la France , à Utrecht , ce que la paix de Westphalie avait été pour l'Autriche, une limitation ; qui finit comme chacun l'avait projeté dans les momens où la sagesse fesait taire l'ambition , par un partage , et qui plaça partout les deux maisons d'Autriche et de France en équilibre et en échec. Ceux qui voulurent s'opposer à ce dénoûment, nécessaire au repos universel, furent arrêtés par la force des événemens. Louis XIV , pour tout avoir , faillit tout perdre ; ses ennemis, pour tout lui ôter, lui rendirent ce que lui avait enlevé la fortune. Il garda les provinces qu'il s'était résigné à céder ; il vit la sombre pâleur de ses derniers jours éclairée de quelques rayons de gloire ; il affermit son petit-fils sur son trône disputé ; et lorsque, après avoir conclu cette grande et dernière affaire de son règne , il mourut , la couronne de France passa sans secousse du front du vieux monarque sur la tête du jeune enfant, dernier reste de sa postérité. »

Les considérations historiques que nous venons de présenter à nos lecteurs étaient nécessaires , croyons-nous , pour bien leur faire comprendre la haute importance du vaste travail qu'a entrepris M. Mignet et dont nous n'avons encore que les quatre premiers volumes sous les yeux.

Les documens que se propose de publier ce savant historien embrasseront un intervalle de plus d'un demi-siècle , sans y comprendre ceux qui se rattachent aux négociations préliminaires qui eurent pour objet le mariage de Louis XIII avec Anne d'Autriche, et celui de Louis XIV avec l'infante Marie-Thérèse. Ils offriront l'histoire politique de l'une des époques les plus intéressantes des temps modernes, où l'on voit tour à tour apparaître les noms les plus illustres, Mazarin, Lionne, Jean de Witt, Louis XIV et Guillaume III, Turenne, Condé, Malborough et le prince Eugène.

Nous employons à dessein le mot *histoire*, car M. Mignet n'a point cru devoir borner son rôle d'éditeur à la publication par ordre chronologique des pièces les plus importantes de ces négociations; il les a distribuées avec ordre d'après leur nature, et leur a donné en quelque sorte la forme du récit , en les plaçant dans la marche de l'action. Il a ajouté à ces pièces tout ce qui pouvait contribuer à les éclaircir et à les lier, puisant à cet effet dans les correspondances et les nombreux ouvrages publiés en Hollande , en Allemagne et en Angleterre, sur cette importante époque; fesant connaître les principaux personnages qui prirent part aux négociations esquissant le tableau de l'organisation et de la puissance des pays qui y intervinrent; exposant avec une admirable lucidité toutes les questions diplomatiques qui se présentèrent dans le cours de ces grands événemens, et traçant le récit des guerres qui interrompaient les négociations, afin que le lecteur puisse mieux comprendre celles qui suivent.

Cette méthode diffère essentiellement, comme on voit, de celle que l'on suit d'ordinaire dans ces sortes d'ouvrages ; elle aura peu d'imitateurs, non que nous ne la trouvions excellente, surtout pour la publication des recueils diplomatiques traitant de faits très-rapprochés de nous, mais parce qu'elle est d'une application extrêmement difficile, et qu'il n'a fallu rien moins que la haute raison de M. Mignet, son profond savoir et son admirable talent d'écrivain pour lui permettre d'accomplir ce que nous considérons comme une chose presque impossible à tout autre que lui.

Un travail historique fort remarquable et l'un des meilleurs qui soit sorti de la plume de M. Mignet ouvre le grand ouvrage auquel nous consacrons cette analyse. L'auteur y esquisse à grands traits l'histoire de l'Espagne et de la France, dans les rapports que ces deux pays eurent entre eux. L'esprit d'analyse n'a peut-être jamais développé avec plus de justesse les causes de l'élévation et de la décadence des empires. Nous avons mis tantôt quelques lignes de cette introduction sous les yeux des lecteurs ; tout le reste offre la même énergie de pensées, la même perfection de style. On y trouve, entre autres, d'admirables portraits de Charles V et de Philippe II, de Richelieu, de Mazarin et de Louis XIV ; et, si nous voulions citer ce qui nous a le plus frappé dans ce magnifique travail, nous ne saurions vraiment quoi choisir, et nous devrions presque le reproduire en entier (1).

Les documens renfermés dans les deux premiers volumes comprennent les négociations qui eurent lieu depuis les mariages de Louis XIII et de Louis XIV jusqu'au traité d'Aix-la-Chapelle, en 1668. Nous ne reviendrons pas sur ce que nous avons dit tantôt relativement à la forme donnée au recueil ;

(1) L'*Introduction à l'histoire de la succession d'Espagne* a été réimprimée dans le second volume des *Notices et mémoires historiques* de M. Mignet.

les documens ne se trouvent réellement là que comme pièces à l'appui ; c'est l'histoire politique de la France pendant la seconde moitié du dix-septième siècle et les commencemens du dix-huitième que M. Mignet a écrite ; on pourrait même, à la rigueur, se dispenser de parcourir ces documens, presque toujours résumés dans le récit, et qui n'embarrassent pas le moins du monde la marche de l'écrivain ; nous croyons que c'est ce que beaucoup de lecteurs auront fait.

Les tomes III et IV retracent les événemens qui se passèrent depuis la paix d'Aix-la-Chapelle jusqu'à la conclusion du traité de Nimègue. C'est la période la plus brillante du règne de Louis XIV. M. Mignet nous montre ce monarque travaillant d'abord à dissoudre la triple alliance, et empêchant l'empereur Léopold d'y accéder. Après l'expédition contre les Provinces-Unies, qui ne réussit point, faute d'être bien conduite, on le voit exécuter, aux dépens de l'Espagne, une autre entreprise beaucoup mieux dirigée, et qui valut à la France un grand accroissement de territoire. D'habiles négociations achèvent ce que les victoires ont commencé ; il détache la Hollande de l'Espagne, l'Espagne de l'empereur et de l'empire, l'empereur et l'empire du Brandebourg et du Danemark, enfin le Brandebourg lui-même du Danemark. Il divise tous ses ennemis, et leur impose à tous les conditions d'une paix qui achève la frontière de la France à l'Est, et recule celle du Nord, où le génie de Vauban a bientôt élevé des barrières impénétrables.

L'époque où s'ouvrit la succession au trône d'Espagne est toujours fort éloignée, comme on voit, et bien des volumes seront encore nécessaires pour achever la grande collection diplomatique confiée aux soins de M. Mignet. Espérons qu'il l'achèvera, et grâce à lui, nous posséderons enfin l'histoire politique complète d'un règne dont on ne connaît guère que la cour.

Un autre travail relatif à la Succession d'Espagne fait aussi partie de la *Collection des documens inédits sur l'histoire de France*. Nous voulons parler des *Mémoires militaires* de M. le lieutenant-général *de Vault*, directeur du dépôt de la guerre, mémoires que M. le lieutenant-général *Pelet* a été chargé de revoir et de publier. Ce bel ouvrage, dont huit volumes, accompagnés de cartes et de plans, ont paru jusqu'à présent, offrira le récit complet des opérations militaires auxquelles donna lieu la guerre de Succession.

Il sera le complément indispensable du recueil de M. Mignet.

V.

Papiers d'Etat du cardinal de Granvelle, *d'après les manuscrits
de la bibliothèque de Besançon*, publiés sous la direction de
M. Ch. Weiss. Paris, 1841-1850, 8 vol. in-4°.

Peu d'hommes ont été aussi diversement appréciés que le
cardinal de Granvelle. Fort maltraité par les écrivains par-
tisans de la Réforme et de la révolution belge du seizième
siècle, il semble, de nos jours, devoir être l'objet d'une réhabilitation presque complète. Les publications récentes de
MM. Groen Van Priesterer et Gachard, et celle dont nous
allons nous occuper, ont surtout contribué à produire cette
réaction en faveur de l'ancien ministre de Philippe II.

Nous convenons sans peine que Granvelle n'a point mé-
rité tous les reproches adressés à son administration; mais
cela suffit-il pour absoudre sa mémoire? Ambitieux, cupide,
arrogant, aimant le luxe et les plaisirs, et cependant toujours
besoigneux, Granvelle se garda bien de jamais faire entendre
à son maître une de ces paroles fermes et honnêtes qui pré-
viennent le mal, ou qui contribuent à l'affaiblir; il aimait
trop le pouvoir pour risquer de le perdre par des remon-
trances; et si, comme on s'est efforcé de le prouver naguère,
il ne fut point l'instigateur de la plupart des actes odieux du
gouvernement de Philippe II, il ne refusa pas, du moins, de
s'y associer, et ne laissa échapper aucune occasion d'en tirer
parti, pour restreindre les libertés du pays et réformer ses
priviléges. Enfin, il ne faut pas oublier que ce fut lui qui
conseilla au roi d'Espagne de mettre à prix la tête du prince
d'Orange (1).

(1) Correspondance de Philippe II, publiée par M. Gachard,
tome II.

Mais si Granvelle, comme l'a dit quelque part M. Mignet, a été *l'un des hommes d'Etat les plus faciles du seizième siècle*, on ne saurait méconnaître qu'il en a été aussi l'un des plus habiles, et la vaste correspondance que le gouvernement français a entrepris de mettre au jour est destinée à faire encore mieux ressortir le génie politique de ce grand ministre.

Cette correspondance, bien qu'inédite, était connue depuis longtemps dans le monde savant. Fléchier, Pélisson, Leibnitz, dom Prosper Levesque, Courchetet et d'autres y avaient puisé à différentes reprises d'utiles renseignemens pour leurs travaux. De nos jours, M. Gachard en a donné un aperçu, dans une lettre adressée à MM. les rédacteurs de *l'Emancipation* (1). Enfin, on trouve à ce sujet d'amples détails dans la notice préliminaire dont M. Weiss a enrichi le premier volume des papiers d'Etat de Granvelle ; nous croyons pouvoir y renvoyer nos lecteurs, nous bornant à constater, d'après le savant archiviste du royaume, qu'aucun recueil ne répand plus de lumières sur les causes de la révolution belge du seizième siècle, et sur le caractère des personnages qui y jouèrent les principaux rôles.

Une lettre qu'écrivait l'abbé Boisot à Pélisson fournit, sur l'origine de cette collection, des indications qu'il nous semble, toutefois, utile de reproduire ici : « Jamais ministre ne fut si laborieux ni plus exact que le cardinal de Granvelle, dit le savant abbé. Il conservait toutes les lettres qu'on lui adressait, jusqu'à des lettres de ses neveux, jeunes écoliers qu'il fesait élever à Louvain. On peut juger s'il gardait des lettres d'affaires. Il en avait laissé dans plusieurs coffres une quantité prodigieuse en différentes langues, toutes notées, apostillées ou soulignées de sa main, avec plusieurs copies de ses réponses dans les affaires considérables. C'étaient autant de trésors dont on ne pouvait prendre trop de soin ; mais on

---

(1) On a tiré à part quelques exemplaires de cette lettre, datée du 23 décembre 1831, in-8°., 13 pp.

méprise ordinairement tout ce que l'on ne connaît pas. Ces rares monumens de l'habileté du cardinal furent bientôt négligés, portés dans un galetas, et abandonnés à la pluie et aux souris.

» Au commencement, les domestiques, peu après les enfans du voisinage allaient familièrement prendre de ces papiers ; ensuite, comme on eut besoin de cinq ou six caisses, un maître d'hôtel habile, pour montrer qu'il ne laissait rien perdre, vendit à des épiciers les lettres qui étaient dedans. Enfin, on se trouva si embarrassé de ces *paperasses inutiles* (on leur fesait l'honneur de les appeler ainsi), que, pour s'en défaire peu à peu, on les abandonna aux dernières indignités. Ce fut ce qui les sauva. »

En effet, ces papiers tombèrent ainsi sous les yeux du savant Jules Chiflet, qui en comprit tout de suite la valeur, et qui parvint à en rassembler une masse assez considérable. Il avait résolu de les mettre en ordre, mais il mourut avant d'avoir pu accomplir son dessein. L'abbé Boisot les acquit de ses héritiers, s'en procura beaucoup d'autres encore, les rangea, puis les fit relier en quatre-vingt-deux volumes in-folio. A sa mort, il légua cette précieuse collection à la ville de Besançon, patrie de Granvelle, où on les conserve encore aujourd'hui.

Après l'abbé Boisot, c'est dom Berthod, bénédictin de la congrégation de S. Vannes, qui a le plus contribué à faire connaître les Mémoires de Granvelle. Il en entreprit l'analyse, et il se proposait même de les mettre au jour. Mais, appelé à Bruxelles, en 1784, par M. de Nelis, pour y continuer le recueil des Bollandistes, il abandonna à dom Grappin, son élève, le soin d'achever l'entreprise. On touchait à la révolution de 1789; le moment n'était point favorable pour l'exécution de grands travaux d'érudition. Cette publication fut de nouveau forcément ajournée. Elle s'est faite enfin de nos jours, sous les auspices de M. Guizot, qui, après avoir rendu tant d'éminens services à l'histoire, par ses propres ouvrages, a encore voulu lui être utile en ordonnant de rassembler les matériaux qui servent à l'éclaircir.

Par un arrêté du 12 septembre 1834, M. Guizot établit, à Besançon, une commission chargée de diriger le dépouillement des papiers de Granvelle, dépouillement qui fut poursuivi et achevé en moins de trois années. La commission nommée par le ministre avait choisi pour son président M. Weiss, l'un des savans les plus laborieux que possède la France ; elle eut tout d'abord à s'occuper des mesures à prendre relativement à la publication projetée, et, pour ne pas multiplier inutilement les volumes, on décida qu'on n'imprimerait intégralement que les pièces offrant un véritable intérêt, et qu'on se bornerait à donner une courte analyse des autres.

On discuta ensuite sur le mode de publication qu'il conviendrait de suivre. C'était à l'époque où M. Mignet venait de faire paraître les deux premiers volumes des *Négociations relatives à la succession d'Espagne*. Le plan adopté par l'illustre académicien séduisit les membres de la commission, et l'on résolut de rapprocher les pièces dispersées dans les quatre-vingt-deux volumes de la collection, pour en former plusieurs ouvrages distincts, intitulés : *Rivalité de la France et de l'Autriche. — Insurrection des Pays-Bas. — Histoire de la Franche-Comté au seizième siècle*, etc. (1). Mais, outre les inconvéniens que présentait ce plan, appliqué à des pièces où sont bien souvent traitées à la fois plusieurs matières différentes, il offrait des difficultés d'exécution presque insurmontables, comme nous l'avons fait remarquer en rendant compte du beau travail de M. Mignet. Il fallut y renoncer et se borner à une simple publication de pièces, rangées d'après l'ordre chronologique. Le premier volume parut en 1841 ; sept autres ont été imprimés depuis ; le dernier s'arrête au 7 février 1555.

Ces huit volumes renferment des documens d'une extrême importance sur les grandes querelles entre François Ier. et Charles-Quint, l'expédition de ce dernier à Tunis, les déve-

---

(1) Préface de M. Weiss, en tête du 1er. volume des *Papiers d'Etat* de Granvelle.

loppemens du protestantisme en Allemagne, l'abdication de Charles-Quint, l'arrivée de Philippe II en Belgique, le tableau de l'administration de Granvelle aux Pays-Bas et l'histoire du soulèvement de ces provinces.

Malgré son étendue, malgré les soins qu'ont apportés les membres de la commission à la rendre aussi complète que possible, la collection des papiers de Granvelle est loin néanmoins de renfermer toutes les correspondances du cardinal. On y remarque particulièrement l'absence de certaines lettres de Philippe II, qui ont dû être extrêmement pénibles à Granvelle, telles qu'une lettre du 22 janvier 1564, où le roi l'engage à quitter les Pays-Bas, et une autre du 22 octobre 1565, où il lui fait entendre qu'il ne doit pas songer à retourner dans ces provinces, mais qu'il vaut mieux pour lui se retirer à Rome. Peut-être, ainsi que l'a fait remarquer M. Gachard, à qui nous empruntons ce renseignement, Granvelle aura-t-il détruit de son vivant, des lettres si mortifiantes pour lui ; peut-être aussi a-t-il voulu soustraire à la connaissance de la postérité ces témoignages de l'indifférence d'un souverain qu'il avait servi avec tant de fidélité et de zèle (1).

Ce ne sont pas, du reste, les seules lacunes que présente la collection française. En comparant jusqu'à la fin de 1567 seulement les lettres qu'il a recueillies à Simancas avec celles qui sont ou seront publiées dans les papiers d'Etat de Granvelle, M. Gachard en a trouvé près de cent-quarante que ne contient pas cette collection ; et depuis, pendant un second voyage qu'il a fait en Espagne et dont nous avons dernièrement signalé les précieux résultats à nos lecteurs, le même savant a encore retrouvé à Simancas treize cent-quarante-quatre lettres françaises du cardinal, parmi lesquelles il en est, sans doute, un grand nombre qui ne sont pas à Besançon. Bien que le travail pour la publication des mémoires de Granvelle soit achevé, et que le manuscrit soit prêt à être livré à l'impression, nous espérons que M. Weiss et ses collègues prendront les

(1) Correspondance de Philippe II publiée par M. Gachard.

mesures nécessaires pour enrichir leur recueil des utiles découvertes de M. Gachard. C'est dans les papiers d'Etat du célèbre cardinal qu'il faudra désormais aller étudier l'une des époques les plus mémorables des temps modernes , la plus riche peut-être en grands événemens et en grands caractères , et l'on verrait subsister à regret dans ce beau livre les lacunes que nous venons d'indiquer.

Aux recueils diplomatiques publiés par MM. Weiss et Mignet, il en faut joindre quatre autres de même nature , qui font aussi partie de la collection des documens inédits : ce sont : les *Relations des ambassadeurs vénitiens* sur les affaires de France au XVIᵉ. siècle , traduites par M. Tommaseo (1) ; les *Négociations entre la France et l'Autriche* , dont M. Le Glay a été l'éditeur (2); les *Négociations de la France dans le Levant* , que l'on doit à M. Charrière (3) , et les *Négociations, lettres et autres pièces relatives au règne de François II* , tirées du portefeuille de Sébastien de l'Aubespine , par M. Louis Paris (4). Ces divers recueils ne sont pas assurément les moins curieux de la vaste collection qui nous occupe , mais les limites qui nous sont imposées nous empêchent d'en entreprendre ici l'examen. Nous devons nous borner à les signaler à l'attention de nos lecteurs , comme renfermant des matériaux infiniment précieux sur l'histoire générale de la France , et particulièrement sur le siècle que les papiers d'Etat de Granvelle sont destinés à éclairer d'un jour tout nouveau (5).

---

(1) Paris , 1838 , 2 vol. in-4º.

(2) Paris , 1845 , 2 vol. in-4º.

(3) Paris , 1848-1850 , 2 vol. in-4º.

(4) Paris , 1841 , in-4º.

(5) Il faut ajouter à ces divers recueils la *Correspondance de Henri d'Escoubleaux de Sourdis* , archevêque de Bordeaux , chef des conseils du roi en l'armée navale, etc., augmentée des ordres, instructions et lettres du roi Louis XIII et du cardinal de Richelieu à M. de Sourdis , concernant les opérations des flottes françaises de 1636 à 1642, publ. par M. Eugène Sue. Paris, 1839, 3 vol. in-4º.

VI

Documens historiques inédits , tirés des collections manuscrites de la Bibliothèque Royale, et des Archives et des Bibliothèques des départemens , publiés par M. Champollion-Figeac. Paris , 1841-1848 , 4 vol. in-4°.

Dans le rapport que M. Guizot eut l'honneur de faire au roi Louis-Philippe , le 31 décembre 1833 , rapport à la suite duquel furent entrepris les travaux qui ont eu pour objet la publication des *Documens inédits sur l'Histoire de France* , l'illustre historien , alors chargé du département de l'Instruction Publique , désignait le cabinet des manuscrits de la Bibliothèque Royale comme une source infiniment précieuse, où il serait facile de puiser quantité de pièces originales de la plus haute importance : « Les collections de Colbert , de Brienne , de Dupuy et de Gaignères , écrivait-il , et tant d'autres qu'il serait trop long d'énumérer, n'ont encore été, pour ainsi dire, qu'entr'ouvertes. Là, sont ensevelis des correspondances, des mémoires, des écrits de toute espèce , reflets vivans de tous les siècles, répertoires des jugemens que chaque époque a portés sur elle-même ; aucun autre dépôt n'est plus riche que la Bibliothèque Royale en matériaux pour cette sorte d'histoire qu'on peut appeler contemporaine , histoire qui ne consiste pas moins dans la révélation des idées que dans celle des faits. »

Les collections auxquelles M. Guizot fait ici allusion comprennent environ vingt mille volumes ou portefeuilles , renfermant près d'un million de documens de toute nature , dont le plus grand nombre est encore entièrement inconnu. Il existe , à la vérité , des inventaires pour quelques-unes d'entre elles , et ce sont naturellement celles-là qui ont été le mieux explorées , mais on a bien peu usé des autres ; quelques-unes même sont tout-à-fait ignorées du public.

Constater les richesses qui se trouvent dans ces divers

recueils , en entreprendre le dépouillement complet et méthodique , telle devait être la première chose à faire pour remplir les intentions de M. Guizot. On résolut , en conséquence, de relever sur des bulletins isolés , le titre de toutes les pièces manuscrites que renferment ces vingt mille volumes. L'organisation de ce vaste travail fut réglée par un arrêté rendu le 28 janvier 1835; M. Champollion-Figeac, l'un des conservateurs de la Bibliothèque Royale , et membre du comité historique, en eut la direction.

Douze personnes choisies avec discernement par le ministre avaient été chargées de la rédaction des bulletins d'analyse. Elles s'occupèrent d'abord du dépouillement des fonds de Dupuy, de Brienne et de Brequigny, qui forment ensemble près de quatorze cents volumes , et que l'on peut considérer, le premier surtout , comme les plus abondans qui existent en pièces détachées concernant l'histoire de France. On entreprit ensuite celui des collections De Camps, Doat, Colbert, Duchesne et Harlay, de sorte que, à la date du 1er. septembre 1840, c'est-à-dire en moins de six années , on avait entièrement compulsé trois mille volumes environ , et le nombre des pièces analysées s'élevait à deux cent-deux mille trois cent cinquante (1).

Ce dépouillement a d'abord servi à compléter divers recueils dont la publication avait été résolue , tels que la collection des *Lettres de Henri IV*, confiée à M. Berger de Xivrey , les *Monumens inédits de l'Histoire du Tiers-Etat*, dont M. Augustin Thierry a tout récemment fait paraître le premier volume, les *Cartulaires* de M. Guérard , et d'autres encore dont nous aurons occasion de parler plus loin. Il restait néanmoins, en dehors des documens destinés à ces recueils spéciaux, une grande quantité de pièces inédites infiniment curieuses, et dont la publication pouvait être utile à l'his-

(1) Rapport fait, le 10 septembre 1840, par M. Champollion-Figeac à M. le ministre de l'Instruction Publique. (*Préface de la Collection des documens inédits.*)

toire de France. Une décision ministérielle en prescrivit l'impression, et le premier volume de ce recueil parut en 1841, sous le titre que nous avons transcrit en tête de cette analyse. C'est M. Champollion-Figeac qui en a été l'éditeur, ainsi que des trois volumes suivans, publiés en 1843, 1847 et 1848.

Chacun de ces volumes est divisé en deux parties bien distinctes. La première renferme les rapports des correspondans des départemens, les notices et les inventaires qu'ils ont successivement adressés au ministère de l'instruction publique, et qui font connaître les nombreux trésors historiques répandus sur le sol de la France. Dans la seconde sont imprimés les documens inédits et isolés provenant de ces explorations provinciales, et des travaux exécutés à la bibliothèque du roi, à Paris.

Enumérer ces pièces, en démontrer l'importance, exigerait beaucoup plus d'espace que nous n'en avons ici; nous nous bornerons donc à signaler quelques-unes des plus remarquables parmi celles que nous avons rencontrées dans les quatre volumes publiés jusqu'à présent. Nous indiquerons d'abord, dans le premier volume, un fragment de capitulaire de Charlemagne, de l'an 784 ou 785, contenant des instructions à ses envoyés vers le pape Adrien Ier. Ce fragment, découvert par M. Champollion en 1836, dans un manuscrit de la bibliothèque du roi, avait déjà été, de sa part, l'objet d'une publication spéciale, et Pertz n'a pas manqué de le reproduire au tome II de la collection des *lois* qui fait partie des *Monumenta Germaniæ*. Un catalogue des ouvrages composant la bibliothèque de l'abbaye de Saint-Victor de Marseille, au XIIe. siècle, édité par M. de Maslatrie, et deux glossaires anglo-saxons tirés de la collection Brequigny, méritent aussi une mention particulière. Nous citerons encore, parmi les documens que renferme ce volume, plusieurs actes inédits qui fournissent des renseignemens nouveaux sur la personne et la famille de Jean, sire de Joinville, historien de saint Louis, et d'autres concernant Thibaut, comte de Champagne.

Le deuxième volume contient un grand nombre de pièces intéressantes touchant la guerre dite *du Bien Public*, en 1465. Nous y avons trouvé, entre autres documens qui peuvent intéresser notre histoire, une lettre du roi Louis XI aux Liégeois, par laquelle il les informe du traité conclu avec les princes, et les engage à déposer les armes, en les remerciant de leurs services et en leur donnant l'assurance qu'ils sont compris au dit traité, ce qui n'était pas exact, comme chacun sait.

Mentionnons aussi plusieurs lettres de Montaigne et une correspondance infiniment curieuse de Louis XIV, adressée à Colbert.

Dans le tome troisième, nous avons remarqué plusieurs diplômes des rois Carlovingiens ; des documens relatifs à l'évacuation de la ville de Toulon par ses habitans, en 1543, et à son occupation par l'armée turque de Barberousse ; des lettres de Godefroy, de Foppens, de Kluit, et diverses pièces relatives à la conservation des archives de la Chambre des comptes, à Lille.

Enfin, le quatrième volume renferme deux compositions d'une haute importance, et que l'on doit ranger parmi les monumens les plus anciens de la langue romane du midi de la France. M. Champollion n'hésite pas à les placer, dans l'ordre des temps, avant le poëme de Boëce, publié par Raynouard.

La première de ces compositions est une *Passion de N. S. Jésus-Christ*, en langue romane et en vers, qui se trouve dans un manuscrit du Xe. siècle, appartenant à la bibliothèque publique de Clermont-Ferrand ; la seconde est la *Passion de St.-Léger*, aussi en langue romane et en vers, qui fait partie du même manuscrit. M. Champollion a joint au texte qu'il publie une traduction qui reproduit vers pour vers et mot pour mot l'original ; il a suivi, en cela, l'exemple donné par Raynouard, l'homme qui a le mieux fait connaître le caractère et le génie de l'ancien idiome provençal.

D'intéressantes lettres de Louis XII, de François Ier., de Louise de Savoie, de Marguerite de Navarre ; plusieurs notes et mémoires de Colbert , rédigés pour son fils pendant le séjour de celui-ci en Italie , suivent les deux monumens littéraires que nous venons d'indiquer. Mais le document le plus important de ce volume , peut-être même des trois précédens, est le texte des *Délibérations de la commission consultative svr le faict du commerce général et de l'establissement des manufactures dans le royaume* , commission instituée à Paris, en l'année 1601 , par lettres patentes du roi Henri IV.

Ce texte précieux , qui ne prend pas moins de trois cents pages , est plein de détails officiels sur l'état de l'industrie et du commerce de la France , à la fin du XVIe siècle , et sur les améliorations remarquables qu'y introduisirent simultanément et le zèle d'un bon roi , et les lumières d'un grand citoyen, trop peu connu, Barthélemi de Laffemas, dont M. Champollion a tracé la curieuse biographie (1). C'est dans ces délibérations qu'il faudra désormais aller étudier tout ce qui concerne l'institution des manufactures de soie , les soins personnels de Henri IV pour l'introduction et la multiplication du mûrier en France , pour le rétablissement des haras et les premiers projets du canal des deux mers.

On chercherait en vain , comme on voit , dans le recueil auquel nous consacrons ces lignes , l'unité qui existe dans la plupart de ceux que comprend la *Collection des documens inédits.* Par sa nature même , le travail de M. Champollion est destiné , au contraire , à être l'un des plus variés de cette collection. Tous les documens qui n'ont pu trouver place dans les recueils spéciaux , et qui méritent néanmoins de voir le jour, doivent nécessairement y figurer. En un mot, cette publication est une sorte de *Trésor* ou de *Spicilége* , comme les fesaient autrefois les bénédictins Martene et d'Achery , et comme en prépare encore aujourd'hui le savant dom Pitra, de l'abbaye de Solesmes, leur digne continuateur.

____

(1) M. Weiss avait déjà fourni quelques détails sur la vie et les travaux de Laffemas. V. la *Biographie universelle* de Michaud , vol. 23 , p. 118.

Nous en dirons autant des *Lettres des rois, reines et autres personnages des cours de France et d'Angleterre*, depuis Louis VII jusqu'à Henri IV, extraites des archives de Londres, par Brequigny, et qu'a aussi fait paraître M. Champollion (1); des pièces relatives à la *Captivité de François I*er., rassemblées par le même savant (2); de la *Correspondance administrative du règne de Louis XIV*, mise au jour par M. Depping (3), tous recueils qui forment une sorte de supplément aux grands ouvrages historiques, publiés sous les auspices de l'Académie des Inscriptions et Belles-Lettres. La collection qui nous occupe est riche en travaux de cette espèce. Ce sont d'utiles et modestes labeurs, où sont rassemblés, avec un soin pieux, les matériaux encore inédits qui doivent servir à l'étude du passé de la France, et les savans à qui nous en sommes redevables ont droit à nos respects, à notre éternelle reconnaissance.

(1) Paris, 1839-1847, 2 vol. in-4°. Il y aura un 3e. volume.
(2) Paris, 1847, in-4°.
(3) Paris, 1850, in-4°. Cette correspondance formera 4 volumes.

VII.

Les Olim, *ou registres des arrêts rendus par la Cour du Roi, sous les règnes de saint Louis, de Philippe-le-Hardi, de Philippe-le-Bel, de Louis-le-Hutin et de Philippe-le-Long*; publiés par le comte **Beugnot**, membre de l'Institut. Paris, 1839-1848, 3 tomes en 4 vol. in-4°.

La science historique du droit dont Savigny et Eichhorn ont été les régénérateurs en Allemagne, dans les commencemens de ce siècle, a fait depuis lors de grands progrès en France. On connaît les travaux importans que MM. de Pastoret, Pardessus, Bernardi, Beugnot, Klimrath, Giraud et La Ferrière ont publiés en ce genre. L'exemple donné par ces savans a porté ses fruits, et bientôt ont paru chez nos voisins un grand nombre de productions remarquables sur différens points de l'ancienne jurisprudence française : M. Laboulaye a mis au jour son *Histoire du droit de propriété foncière en Occident* et ses *Recherches sur la condition civile et politique des femmes* ; M. Kœnigswarter a tracé le tableau de l'*Organisation de la famille en France*, depuis les temps les plus reculés jusqu'à nos jours; MM. Alauzet et de Parrieu se sont occupés de la *Possession* ; M. Ginoulhiac, du *Régime dotal* et de la *Communauté* ; enfin M. Pépin Lehalleur a publié son intéressant travail sur l'*Emphytéose.* L'ouvrage auquel nous consacrons ces lignes, et qui a pour objet de mieux faire connaître le Parlement de Paris, l'une de ces institutions dont l'éclat et la puissance ont laissé de si glorieux souvenirs, tiendra, sans contredit, un rang des plus distingués parmi tous ceux qui auront été consacrés, de notre temps, à l'étude de cette science.

S'il existe des monumens propres à constater les mœurs et les usages d'une nation, ce sont assurément les lois et les coutumes qui l'ont régie, et l'impression de ces documens est bien plus importante à nos yeux que celle de vieilles chroniques, dénuées le plus souvent de tout intérêt réel. C'est ce que l'on semble avoir compris en France ; les premières publications auxquelles les comités historiques ont d'abord songé ont été précisément des recueils du genre de celui qui nous occupe : M. Augustin Thierry a été chargé de préparer la collection des *Monumens relatifs à l'histoire du tiers-état* ; M. Varin a rassemblé les *Archives législatives et administratives de Reims*, et M. Guerard, une suite précieuse de *Cartulaires* ; enfin, le dépouillement des anciens registres du Parlement a été entrepris sous la direction éclairée de M. le comte Beugnot, membre de l'Institut, que ses travaux sur les *Ordonnances de saint Louis* et les *Assises de Jérusalem* désignaient tout naturellement au choix de M. le ministre de l'Instruction Publique pour une tâche à la fois si laborieuse et si difficile.

Les registres sur lesquels les actes du Parlement étaient transcrits et que l'on conserve encore aujourd'hui avec un soin extrême à la section judiciaire des archives du royaume, à Paris, forment un ensemble d'environ dix mille volumes. Cette vaste collection renferme une grande quantité de documens relatifs à l'histoire politique et administrative de la France, à celle de son droit civil et criminel, d'innombrables textes d'édits et d'ordonnances, et une foule d'autres pièces qu'il serait trop long d'énumérer ici. Mais on ne pouvait songer à les publier toutes, et force était de se borner aux parties principales. C'est ainsi que M. Beugnot fut amené à ne proposer d'abord que l'impression des quatre premiers registres portant la dénomination d'*Olim*, se réservant d'extraire plus tard des volumes suivans tous les actes qui offriraient quelqu'utilité pour l'étude du gouvernement féodal et pour celle des temps plus récens.

Vers le milieu du XIIIe. siècle, la France ne possédait pas encore de lois écrites ; la loi civile de ces contrées se composait uniquement d'usages que la tradition conservait et que les légistes s'efforçaient de coordonner le mieux possible. Chaque cour administrait la justice d'après les coutumes existant dans sa juridiction. Il n'en était pas de même de la cour suprême ou *Cour du Roi*, qui planait sur toutes les autres, et qui, pour conformer ses décisions à ces diverses lois locales, devait être initiée à tous les usages en vigueur sur les différens points du territoire.

On comprend combien les arrêts rendus par une telle cour doivent contenir de renseignemens intéressans sur l'ancienne législation coutumière de la France. Les *Olim* sont donc , pour nos voisins, ce qu'est, pour le pays de Liége, le précieux recueil , malheureusement encore inédit , connu chez nous sous le nom de *Pawillart* , c'est-à-dire le témoignage le plus ancien et le plus fidèle du droit coutumier antérieur au XIVe. siècle.

Quoique le Parlement ne laissât consulter ses registres qu'avec infiniment de réserve , les *Olim* ont été mis à profit par plusieurs savans, et notamment par Du Cange, Pasquier, du Tillet , le Carpentier , de Laurière et Montesquieu, qui en ont , à l'envi, proclamé l'extrême importance. Nulle part , en effet , on ne saurait trouver un tableau plus animé des mœurs du moyen âge et des progrès que fesaient chaque jour les idées d'ordre dans une société régie jusque là par la violence ; des notions plus vraies sur la direction générale de la politique et du gouvernement , sur la législation et l'administration de la justice , sur la situation morale et économique de la France au treizième siècle : « Ces arrêts , dit M. Beugnot, font envisager les relations des individus sous tant d'aspects différens qu'on y acquiert en peu de temps, et sans peine, la connaissance intime d'un ordre de société que plus d'un historien s'est efforcé de recomposer et d'animer de couleurs empruntées , tandis que , dans les *Olim* , cet état social se révèle de lui-même , sans détours , sans réticences , et surtout sans recourir à ces moyens que l'art fournit, et que la vérité réprouve. »

Nous n'avons point l'intention d'examiner ici en détail les textes publiés par M. le comte Beugnot; nous bornons notre tâche à les signaler à l'attention des jurisconsultes et des historiens. L'habile éditeur a placé en tête du premier volume une savante préface où il s'est efforcé de fixer l'origine du Parlement, et où il fait, en même temps, l'histoire littéraire des *Olim*. C'est un morceau bien pensé et bien écrit, comme tous ceux qui sont sortis de la plume de M. Beugnot. Mais M. Pardessus ayant consacré dans le *Journal des Savans* (1) deux longs articles à cet excellent travail, nous croyons pouvoir y renvoyer nos lecteurs. L'illustre académicien n'a d'ailleurs rien laissé à dire à ce sujet.

La France possédait déjà plusieurs monumens remarquables relatifs à ses anciennes institutions coutumières : le *Conseil* de Pierre Des Fontaines, les *Usages d'Artois*, les *Établissemens de saint Louis*, les *Coutumes de Beauvoisis et de Champagne*, par Beaumanoir. Les *Olim*, en éclairant le berceau de l'ancienne jurisprudence du Parlement de Paris, compléteront les notions que l'on possédait sur l'administration de la justice pendant la période féodale ; et le gouvernement français, en prescrivant l'impression de ces registres, aura rendu un service signalé à tous ceux qui s'occupent de l'étude du moyen-âge (2).

(1) Années 1840 et 1841.

(2) Une autre publication qui sera d'un grand secours pour l'histoire de l'ancien droit français a aussi paru tout récemment dans la *Collection des Documens Inédits*. Nous voulons parler du *Livre de Justice et de Pled*, mis au jour par M. Rappetti, en un vol. in-4°. (Paris, 1850.)

VIII.

Iconographie chrétienne. — Histoire de Dieu, par **M. Didron**, secrétaire du comité historique des arts et monumens. Paris, 1843, in-4º. — **Ouvrages inédits d'Abélard**, pour servir à l'histoire de la philosophie scolastique en France, publiés par **M. Victor Cousin**. Paris, 1836, in-4º. — **Les quatre livres des Rois**, traduits en français du XIIe. siècle, suivis d'un fragment de moralités sur Job, et d'un choix de sermons de saint Bernard, publiés par **M. Leroux de Lincy**, ancien élève-pensionnaire de l'École royale des Chartes. Paris, 1841, in-4º.

Les différens ouvrages dont nous avons jusqu'à présent entretenu nos lecteurs appartiennent tous à l'histoire politique proprement dite. Mais là ne devait point se borner la tâche des comités institués par M. Guizot. L'histoire intellectuelle et morale du pays méritait aussi une étude particulière. Les ouvrages qui, à certaines époques, ont fortement agité les esprits et exercé une action puissante sur le développement intellectuel des générations contemporaines ; ceux qui ont ouvert, dans le mouvement des idées, une ère nouvelle ; ceux enfin qui, sous une forme purement littéraire, révèlent des mœurs oubliées, des usages et des faits sociaux dont on avait perdu la trace ; de tels ouvrages se rattachent de bien près à l'histoire, et avaient droit à former, dans la collection, une série particulière (1).

C'est ce que M. Guizot comprit l'un des premiers. Dès le 15 mars 1835, il adressa aux correspondans de son ministère une circulaire dans laquelle il appelait tout particulièrement

(1) Guizot, rapport au roi Louis-Philippe, 27 novembre 1834.

leur attention sur les travaux et les monumens relatifs aux sciences, à la philosophie, à la littérature et aux arts ; et,le 19 septembre de la même année , il chargea M. Sainte-Beuve de préparer un exposé des divers travaux entrepris en France sur la littérature nationale , durant les trois derniers siècles , exposé destiné à servir d'introduction à la publication des documens littéraires restés inédits , et dont il venait de prescrire l'impression (1).

L'histoire des Beaux-Arts devait nécessairement aussi occuper une place dans ce vaste ensemble de recherches embrassant toutes les parties de l'existence et des destinées nationales.Mais cette histoire n'est point dans les livres ; elle est écrite dans les monumens eux-mêmes ; dans les formes variées qu'ils ont empruntées aux différens âges. L'étude de ces monumens fut donc également entreprise sur tous les points du territoire français. Un bulletin archéologique , publié par le Comité des arts , recueillit les nombreux rapports que transmirent les correspondans, les savans et les artistes chargés de décrire ou de dessiner la plupart de ces monumens. A part ce bulletin, nous ne connaissons , dans la série des ouvrages appartenant à l'archéologie , que le premier volume de l'*Iconographie chrétienne*, composée par M. Didron, secrétaire du Comité des arts. Ce volume comprend l'histoire archéologique de Dieu ; l'iconographie de l'ange et celle du diable viendront après. Dans les parties qui doivent suivre celles-ci, l'auteur se propose, en outre, de développer les sept jours de la création ; la naissance et la chute de l'homme , sa réhabilitation par le travail des mains , la culture de l'intelligence et la pratique du bien ; l'histoire de la mort et des danses macabres , celle des patriarches , des juges , des prophètes et des rois de Juda ; la vie de la vierge Marie et celle de Jésus-Christ. Puis , il passera en revue les figures des

(1) Lettre de M. Guizot à M. Sainte-Beuve , membre du second comité historique institué près le ministère de l'Instruction Publique (19 septembre 1855.)

apôtres , des martyrs , des confesseurs et des saints le plus fréquemment représentés sur les portails et les verrières des églises. En un mot , ce livre embrassera toute l'archéologie chrétienne du moyen-âge.

Le plan de M. Didron est , comme on voit, des plus vastes, et digne en tous points du savant à qui l'on doit tant de travaux remarquables sur les antiquités religieuses de la France.

La série relative à l'histoire des lettres et des sciences ne comprend encore que deux volumes ; le premier est intitulé : *Ouvrages inédits d'Abélard, publiés par M. Victor Cousin* (1). Ce volume , d'une importance réelle pour l'histoire de la philosophie scolastique , est précédé d'une remarquable introduction où le savant éditeur s'est efforcé de jeter quelques lumières nouvelles sur l'homme qui fut, avec saint Bernard, dans l'ordre intellectuel , le plus grand personnage de son siècle, et sur l'école qu'il a fondée. M. Cousin y apprécie avec une grande hauteur de vues l'enseignement d'Abélard , qu'il nomme le *Descartes du douzième siècle* : « Ce qui lui donne une place à part dans l'histoire de l'esprit humain , dit-il, c'est l'invention d'un nouveau système philosophique , et l'application de ce nouveau système , et en général de la philosophie à la théologie. Sans doute , avant Abélard , on trouverait quelques rares exemples de cette application périlleuse, mais utile , dans ses écarts même , aux progrès de la raison, mais c'est Abélard qui l'érigea en principe. C'est donc lui qui contribua le plus à fonder la scolastique , car la scolastique n'est pas autre chose. Depuis Charlemagne , et même auparavant, on enseignait dans beaucoup de lieux un peu de grammaire et de logique ; en même temps un enseignement religieux ne manquait pas ; mais cet enseignement se réduisait à une exposition plus ou moins régulière des dogmes sacrés ; il pouvait suffire à la foi , il ne fécondait pas l'intelligence. L'introduction de la dialectique dans la théologie pouvait seule amener cet esprit de controverse, qui est le vice

(1) Paris , 1836 , in-4°.

et l'honneur de la scolastique. Abélard est le principal auteur
de cette introduction; il est donc le principal fondateur de
la philosophie au moyen-âge. De sorte que la France a donné
à la fois à l'Europe la scolastique au douzième siècle par
Abélard , et au commencement du dix-septième siècle, dans
Descartes , le destructeur de cette même scolastique et le
père de la philosophie moderne. »

« Les prodigieux succès d'Abélard s'expliquent aisément ,
dit un autre écrivain moderne (1). Il semblait que , pour la
première fois, on entendait une voix libre, une voix humaine.
Tout ce qui s'était produit dans la forme lourde et dogma-
tique de l'enseignement clérical , sous la rude enveloppe du
latin du moyen-âge, apparut dans l'élégance antique qu'Abélard avait retrouvée. Le hardi jeune homme simplifiait , ex-
pliquait, popularisait, harmonisait. A peine laissait-il quelque
chose d'obscur et de divin dans les plus formidables mys-
tères. Il semblait que jusque là l'Eglise eût bégayé, et qu'Abélard parlait. Rien n'embarrassait ce beau diseur ; il ramenait
la religion à la philosophie et la morale à l'humanité. »

Le recueil d'ouvrages inédits d'Abélard , publié par
M. Cousin , se compose de trois parties distinctes , dont la
première renferme des fragmens de l'un des traités les plus
célèbres de ce philosophe, de celui-là même qui donna lieu à
sa condamnation au Concile de Sens , en 1140 , et qu'il avait
intitulé le *Oui* et le *Non* (*Sic et non*). Cet ouvrage, que l'on
croyait perdu, a été retrouvé , de nos jours , dans la bibliothèque d'Avranches. Les deux autres parties du volume con-
sistent en fragmens d'un traité de dialectique et en opus-
cules philosophiques dont l'illustre éditeur a donné , dans sa
préface , une excellente analyse.

Le second ouvrage, appartenant à la série des lettres et des
sciences , renferme les trois plus anciens textes connus de la
prose française : une traduction faite au XIIe. siècle des
Quatre livres des rois ; un fragment de *Moralités sur Job* , et

<hr>

(1) Michelet, *Histoire de France* , 11 , page 283.

un choix de *Sermons de St.-Bernard*. C'est M. Leroux de Lincy , ancien élève pensionnaire de l'école des Chartes , qui a été chargé de cette intéressante publication, entreprise dans le but de faciliter l'étude des formes primitives de l'ancien idiome français , et des lois qui ont présidé à sa formation. Il s'est acquitté de cette tâche de manière à mériter la reconnaissance des savans. Les textes ont été collationnés et imprimés avec tout le soin que méritaient ces vénérables monumens de la langue d'oil.

Une préface étendue renferme des recherches curieuses sur les traductions de la bible en langue vulgaire exécutées depuis Charlemagne jusqu'à Charles VI , et la description du manuscrit original du livre des rois. M. Leroux de Lincy y examine, en outre, vers quelle époque cette version fut écrite, à quel dialecte elle appartient , et quelles sont les formes grammaticales du langage employé par le traducteur. Il a joint à ces savantes considérations plusieurs tableaux dont les uns présentent les différentes parties du discours d'après l'ouvrage publié, les autres un aperçu comparatif de l'état de la langue française aux XIIe. XIIIe. et XIVe. siècles. Les *Moralités sur Job* et les *Sermons de St.-Bernard* ont également été , pour M. Leroux de Lincy , l'objet d'études non moins intéressantes. En somme, cette publication est assurément l'une des meilleures de la collection qui nous occupe ; elle sera la base de tous les travaux critiques qui se feront dans la suite sur l'histoire de la langue française.

IX

Recueil des monumens inédits du Tiers État. Première série : Chartes, coutumes, actes municipaux, statuts des corporations d'arts et métiers des villes et communes de France. — Région du nord. — Tome 1er., etc. ; par **Augustin Thierry**, membre de l'Institut. Paris, 1850, in-4°.

Parmi les différens recueils dont se compose la vaste collection que la France doit à l'initiative de M. Guizot, aucun n'est appelé à résoudre de plus importans problèmes sociaux, aucun n'aura exigé des recherches plus étendues que les *Monumens du Tiers-Etat*, dont la publication a été confiée à M. Augustin Thierry.

Nous n'avons pas besoin d'insister auprès de nos lecteurs sur le mérite et l'importance des travaux que l'on doit à cet illustre savant. Qui ne connaît l'*Histoire de la conquête de l'Angleterre par les Normands*, les *Lettres sur l'histoire de France*, et les *Récits des temps mérovingiens* !

On sait aussi de quel prix M. Thierry a payé sa science et sa gloire. Le premier de ces ouvrages était à peine achevé que le célèbre écrivain put s'écrier : « J'ai donné à mon pays tout ce que lui donne le soldat mutilé sur le champ de bataille » ; il était aveugle, accablé d'infirmités précoces, en proie aux douleurs d'une vieillesse anticipée. Mais l'étude lui restait, et la cause même de ses maux devint son refuge et sa consolation : « Avec elle, dit-il quelque part, on traverse les mauvais jours sans en sentir le poids ; on se fait à soi-même ses destinées ; on use noblement sa vie. »

Oui, sans doute, et jamais personne ne pourra se vanter d'avoir plus noblement usé la sienne ! Obligé de lire par les yeux d'autrui, et de dicter au lieu d'écrire, « glanant çà et là quelques heures de travail parmi de longs jours de souf-

frances (1), » M. Thierry continua d'avancer dans le champ
de la science , et chacun des pas nouveaux qu'il y a faits depuis a été pour lui l'occasion de grands et légitimes succès.
L'ouvrage dont nous allons nous occuper est destiné à compléter cette série d'œuvres, à la fois si brillantes et si utiles,
qui l'ont placé au premier rang parmi les historiens modernes.

La pensée d'éclaircir les origines et l'histoire du Tiers-Etat,
par la publication d'un grand recueil de documens inédits,
appartient encore à M. Guizot. Ce projet une fois conçu ,
l'exécution ne pouvait en être donnée qu'à un seul homme ,
au savant que le problème de l'affranchissement des com--
munes n'avait cessé de préoccuper dès ses débuts dans la
carrière historique.

Chargé par le ministre de diriger cette laborieuse et pa-
triotique entreprise , M. Thierry chercha d'abord à se faire
une idée nette et précise de ce que devrait être un tel recueil.
Il lui sembla que les matériaux capables de figurer comme
monumens de l'histoire civile et politique de la bourgeoisie
française pouvaient former quatre grandes divisions, comprenant les documens relatifs à l'état des personnes : 1°. dans
la famille; 2°. dans la corporation ; 3°. dans la commune ;
4°. dans la province et dans l'Etat.

Après avoir ainsi tracé le plan idéal de ce travail, M.
Thierry résolut prudemment de le resserrer. Laissant à part
les monumens relatifs aux Etats-Généraux , qui seront l'objet
d'un recueil particulier , il se décida à réunir, en une seule
collection, la seconde et la troisième catégorie, celle des statuts
et actes municipaux, et celle des statuts et règlemens des
corporations d'arts et de métiers , fusion nécessitée , comme
l'a très-bien observé le savant éditeur, par les rapports inti-
mes de la vie municipale et de la vie industrielle au moyen-
âge. Ensuite, il crut devoir ajourner indéfiniment et réserver,
pour en faire l'objet d'une seconde série , la collection des
actes relatifs à l'état des personnes et des familles roturières.

(1) Augustin Thierry , *Dix ans d'études historiques* , in-8°.

4

Mais l'accomplissement d'une œuvre aussi vaste et aussi difficile, bien que restreinte dans ces limites , n'était possible qu'avec l'assistance des amis de l'histoire et des antiquités nationales. M. le ministre de l'Instruction Publique s'empressa de réclamer leur concours , et jamais , peut-être , on ne vit un zèle égal à celui qui se produisit à cette occasion. Nos lecteurs en jugeront par les résultats mêmes de ces travaux libres et désintéressés , résultats consignés dans le rapport que M. Augustin Thierry fit à M. de Salvandy, le 6 mai 1838. Déjà , à cette époque , c'est-à-dire en moins de deux années , on avait rassemblé, soit en copies textuelles, soit en bulletins sommaires, dix-huit mille pièces, dont les deux tiers au moins étaient inédites.

Voulant hâter la publication de l'ouvrage, M. Thierry fit borner le dépouillement des grands recueils et des dépôts d'actes à la circonscription territoriale qu'il se proposait d'embrasser d'abord, c'est-à-dire à la région du nord. Malgré ces précautions , le travail préparatoire a duré longtemps : « Je ne sais, dit l'illustre éditeur dans l'un de ses rapports, je ne sais si l'infatigable Brequigny allait plus vite ; je serais tenté de croire que non , et , d'ailleurs, pour marcher sûrement au but dans de semblables entreprises , il faut de toute nécessité joindre la patience au désir. » Et il ajoute ailleurs : « Telle est la nature des grands ouvrages d'érudition historique ; ils ressemblent à ces constructions d'architecture monumentale dont les fondemens se creusent profondément , et où beaucoup de travail doit s'enfouir , avant que rien paraisse au-dessus du sol. »

Enfin, après quatorze années d'un labeur assidu , auquel ont pris une part active plusieurs savans distingués , MM. Guessard, Yanoski, Bernhard, Teulet, Duclos, et particulièrement M. Martial Delpit, principal collaborateur de M. Thierry, le premier volume de cette importante collection a vu le jour en 1850. Ce volume renferme trois cent-vingt pièces relatives à l'histoire de la commune d'Amiens, depuis l'an 1057 , date de la plus ancienne de ces pièces, jusqu'au quinzième siècle. Chacun de ces documens est accompagné d'un commentaire explicatif qui en fait ressortir la vraie signification et l'importance. Nous y avons lu, entre autres, avec infiniment d'intérêt, les renseignemens que donne M. Thierry sur l'histoire d'Amiens, dans les temps antérieurs au douzième siècle, et sur le caractère de la révolution communale qui éclata dans cette cité au commencement de ce même siècle.

L'introduction que M. Thierry a placée en tête de ce volume renferme le tableau sommaire de la formation et des progrès du Tiers-Etat jusqu'à la fin du règne de Louis XIV. Ce travail, dont la suite paraîtra avec le deuxième volume, est à lui seul une œuvre des plus remarquables et digne du savant auteur des *Considérations sur l'histoire de France.* Mais, comme il a été imprimé d'abord dans la *Revue des Deux-Mondes*, où bon nombre de nos lecteurs n'auront pas manqué de le lire, nous croyons pouvoir nous dispenser d'en présenter ici l'analyse. L'examen d'un tel livre exigerait d'ailleurs plus d'espace que nous n'en avons ici à notre disposition. Contentons-nous de dire que l'auteur y retrace à grands traits les annales de la bourgeoise française ; de cette masse plébéienne qui, depuis des siècles, poursuivant d'un pas ferme, à travers les douleurs et les sacrifices, sa longue et laborieuse carrière, s'est élevée peu à peu au degré de puissance où nous la voyons parvenue de nos jours, et où nous avons l'espoir qu'elle saura se maintenir.

Nous avons passé en revue les principaux recueils que renferme la *Collection des documens inédits* ; si nous devions consacrer un article à chacun des ouvrages qui en font partie, notre tâche serait loin d'être achevée.

Il nous resterait encore à signaler bien des travaux importans et qui jettent un grand jour sur diverses époques de l'histoire de France : les *Procès-verbaux du conseil de régence de Charles VIII*, et le *Journal des Etats-Généraux*, de 1484, publiés par M. Bernier ; le *Procès des Templiers*, qu'a mis au jour M. Michelet ; les *Archives administratives de la ville de Reims*, recueillies et analysées par M. Varin ; le *Livre des métiers de Paris*, au XIIIe. siècle, dont M. Depping s'est fait l'éditeur; *Paris sous Philippe-le-Bel*, par M. Géraud; les *Procès-Verbaux des Etats-Généraux de la ligue*, en 1593, qu'a retrouvés M. Bernard de Montbrisson; la *Chronique du religieux de Saint-Denys*, traduite par M. Bellaguet, et trois autres récits en vers comprenant, le premier, l'histoire de la *Croisade contre les Albigeois*; le deuxième, celle des *Ducs de Normandie* jusqu'à Henri Ier., en 1135, et le troisième intitulé : *Chronique de Bertrand du Guesclin*, publiés par MM. Fauriel, Francisque Michel et Charrière. Mais un semblable examen dépasserait les bornes que nous avons dû nous imposer. Les détails dans lesquels nous sommes entré suffisent, du reste, pour faire apprécier à sa juste valeur cette vaste collection, digne corollaire des grands travaux d'érudition que le siècle dernier a légués à la France, et dont l'Académie des Inscriptions et Belles-Lettres poursuit aujourd'hui l'achèvement.

Il ne nous semble pas inutile, en terminant ce compte-rendu, de rappeler qu'à l'époque où M. Guizot créait les comités historiques en France, une institution de même nature était fondée en Belgique. Le 22 juillet 1834, à la suite d'un rapport de M. Rogier, dont le nom se rattache à la plupart des actes qui ont eu pour but de développer et de consolider le sentiment de notre indépendance nationale, le roi Léopold établit une *Commission d'histoire* chargée de rechercher et de mettre au jour les anciennes chroniques belges inédites.

Cette commission a, depuis lors, fait paraître le *Bulletin* de ses séances en dix-huit volumes in-8°., et quatorze volumes in-4°. de *Chroniques* et autres documens, parmi lesquels plusieurs offrent un grand intérêt pour l'étude de nos annales. Ce sont là de fort beaux résultats, sans doute, que nous comptons apprécier un jour, et auxquels nous nous réservons d'applaudir ; mais si on les compare à ceux que l'intelligente initiative de M. Guizot a valus à la France, on est bien forcé de reconnaître que la comparaison n'est pas à l'avantage de la Belgique, puisque, dans le même espace de temps, près de cent volumes in-4°. ont vu le jour chez nos voisins.

Cette infériorité résulte uniquement de la marche suivie, de part et d'autre, pour l'exécution de l'entreprise. En effet, pendant que, à Paris, le comité central nommé par le roi Louis-Philippe conviait tous les savans de la France à prêter leur collaboration au monument national que le gouvernement se proposait d'élever, en Belgique, on réservait aux seuls membres de la Commission d'histoire les travaux de publication. L'impulsion que l'on voulait donner à l'exploration des sources historiques s'est donc forcément arrêtée chez nous, à la Commission elle-même, tandis que, chez nos voisins, ce mouvement s'est fait sentir jusque dans les départemens les plus éloignés, et que, de tous les côtés à la fois, sont arrivés des projets de publication dont le comité central avait mission d'apprécier l'utilité et l'étendue, et sur lesquels il fesait ensuite rapport au ministre, qui statuait en dernier lieu.

Nous regrettons qu'on n'ait point adopté le même système en Belgique; le dévoûment si désintéressé que l'œuvre de M. Guizot a rencontré sur tous les points de la France, on l'eût certainement aussi trouvé chez nos savans. Leur concours ne fera jamais défaut quand il s'agira d'honorer et de glorifier la patrie.

(*Extrait du* Journal de Liége, *année* 1851, nᵒˢ. 265, 269, 281 et 304, et *année* 1852, nᵒˢ. 4, 11, 16, 19 et 25.)

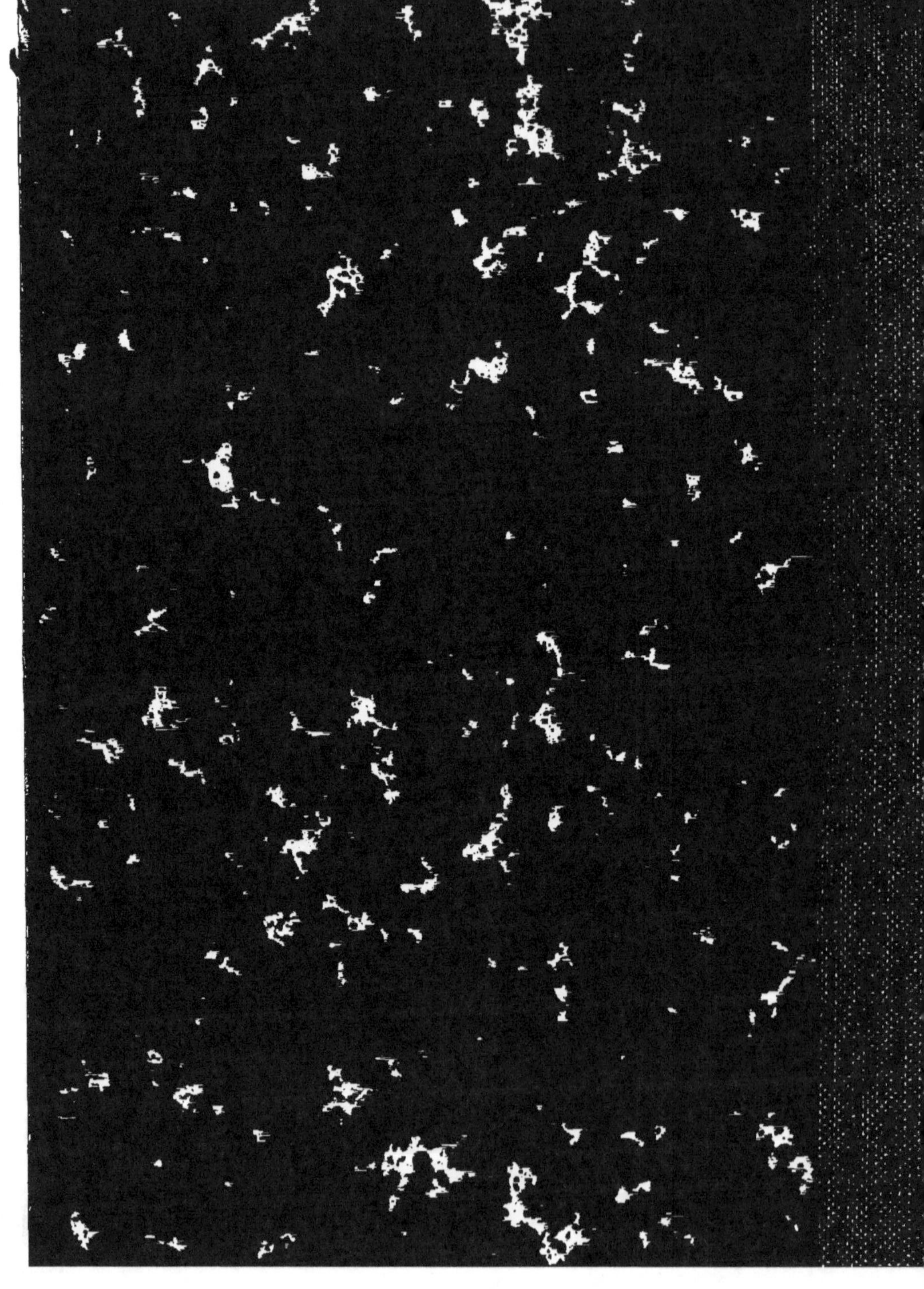